Arbeitsblätter Gastgewerbe

Fachstufe 1

Fachkraft im Gastgewerbe

Restaurantfachmann/-frau

Hotelfachmann/-frau

Hotelkaufmann/-frau

Fachmann/-frau für Systemgastronomie

Lernsituationen zu den Lernfeldern

- Beratung und Verkauf im Restaurant
- Marketing
- Wirtschaftsdienst
- Warenwirtschaft

Bestell-Nr.: 05549

Autoren

Wolfgang Bruse

Gabriele Heuermann

Harald Meier

Markus Schröer

Arbeitskreisleitung

Gabriele Heuermann

Verlagslektorat

Benno Buir

Bildbearbeitung

Verlag Europa-Lehrmittel, 73760 Ostfildern

1. Auflage 2010, Nachdruck 2022
Druck 5 4 3 2

Alle Drucke derselben Auflage sind parallel einsetzbar, da sie bis auf die Korrektur von Druckfehlern identisch sind.

ISBN 978-3-8057-0554-7

Alle Rechte vorbehalten. Das Werk ist urheberrechtlich geschützt. Jede Verwertung außerhalb der gesetzlich geregelten Fälle muss vom Verlag schriftlich genehmigt werden.

© 2010   by Fachbuchverlag Pfanneberg GmbH & Co. KG, 42781 Haan
www.pfanneberg.de

Umschlaggestaltung:	Punkt für Punkt GmbH, 40549 Düsseldorf
Satz:	Satz+Layout Werkstatt Kluth GmbH, 50374 Erftstadt
Druck:	RCOM Print GmbH, 97222 Rimpar

VORWORT

Mit den „Arbeitsblättern für das Gastgewerbe – Fachstufe 1" liegt der zweite Band von **Arbeitsmaterialien für den handlungs- und lernfeldorientierten Unterricht** im Fachbereich Gastgewerbe vor.

Anhand von **Lernsituationen zu den Lernfeldern**

- Beratung und Verkauf im Restaurant
- Marketing
- Wirtschaftsdienst
- Warenwirtschaft

werden die inhaltlichen Schwerpunkte der gemeinsamen **Grundstufe der gastgewerblichen Ausbildungsberufe**

- Fachkraft im Gastgewerbe
- Restaurantfachmann/-frau
- Hotelfachmann/-frau
- Hotelkaufmann/-frau und
- Fachmann/-frau für Systemgastronomie

behandelt. Insbesondere das Thema „**Beratung und Verkauf**" bietet vielfältige Übungsmöglichkeiten. Die Arbeitsabläufe werden für die Auszubildenden transparent und sie können sie praxisgerecht vertiefen.

In allen Aufgaben werden realistische berufliche Situationen zur Grundlage genommen. Lerninhalte werden übersichtlich zusammengeführt, um als zukünftige Arbeitsgrundlage strukturiert den handlungsorientierten Unterricht zu unterstützen. **Weiterführende Aufgaben in verschiedenen Schwierigkeitsstufen** geben Anregungen für eine erweiterte Sicht auf Probleme des Alltags in der Gastronomie und regen zum Nachdenken über komplexere Situationen an.

Jede größere Lerneinheit schließt, soweit möglich, mit **Multiple-Choice-Fragen** im Stil der Abschlussprüfung ab oder es gibt eine komplexe Aufgabe. Einfache **Berechnungen** sind in die Aufgabenstellungen integriert, wo es thematisch sinnvoll ist. Die Lehrerausgabe enthält im Anhang ausführliche **Musterlösungen** für die weiterführenden Aufgaben.

Die „**Arbeitsblätter für das Gastgewerbe**" können vielseitig eingesetzt werden:

- zur Wiederholung und Festigung des Lernstoffs sowie
- zur Prüfungsvorbereitung
- im Teilzeit- und Blockunterricht oder
- zum Selbststudium

Niemand ist perfekt: Für konstruktive Kritik, Anregungen und Wünsche sind Autoren und Verlag dankbar. Wir wünschen allen Nutzern viel Erfolg bei der Arbeit mit den Arbeitsblättern!

Im Frühjahr 2010   Autoren und Verlag

INHALTSVERZEICHNIS

Beratung und Verkauf im Restaurant

Lernsituation: Erstellen einer neuen Speisekarte für das Restaurant	9
Lernsituation: Warenerkennung	33
Lernsituation: Gestalten der neuen Speisekarte für das Restaurant	49
Lernsituation: Zusammenstellung von Menüvorschlägen mit Weinempfehlungen	57
Lernsituation: Planung und Durchführung einer Verkaufsschulung	62
Lernsituation: Vorbereitung der Schulung „Deutscher Wein"	99
Lernsituation: Entwurf der Getränke-Sonderkarte für den Silvesterball	106
Lernsituation: Anschaffung und Bestückung eines Digestifwagens	111
Prüfungsaufgaben Getränkeservice	121

Marketing

Lernsituation: Eingehen auf spezielle Gästewünsche und -bedürfnisse	123
Lernsituation: Weinoffensive im Hotel Europa	126
Prüfungsaufgabe Marketing	141
Sudoku	142

Wirtschaftsdienst

Lernsituation: Neue Tischwäsche für das Restaurant „Paris" auswählen	143
Lernsituation: Aufstellen eines Reinigungsplanes für das Restaurant	146
Sudoku	154
Prüfungsaufgaben Wirtschaftsdienst	155

Warenwirtschaft

Lernsituation: Einkaufsplanung	157
Lernsituation: Warenbeschaffung	161
Lernsituation: Lieferungsüberwachung	169
Prüfungsfragen Warenwirtschaft	175
Prüfungsfragen (Fachrechnen) Warenwirtschaft	179

Sudokus

Sudokus	181

Herzlich willkommen im

Hotel Europa
★★★★

Unter den Linden 1–10 · 10200 Berlin

Tel.: 030/453654 · Fax: 030/453455 · E-Mail: info@hotel-europa.de

---

Wir bieten Ihnen
180 Zimmer und Suiten in erstklassiger Ausstattung:

- **1 Luxussuite** mit 140 m², die über 2 Schlafzimmer, 2 luxuriöse Badezimmer (Whirlpool), Wohnzimmer, Speisezimmer für 12 Personen, Kochnische und Terrasse verfügt.

- **3 Seniorsuiten** mit 80 m², die über 2 Schlafzimmer, 2 luxuriöse Badezimmer (Whirlpool), Wohnzimmer und großen Balkon verfügt.

- **3 Juniorsuiten** mit 60 m², Schlafzimmer, luxuriösem Badezimmer (Whirlpool), Wohnzimmer und großem Balkon.

- **173 Zimmer**, die als Einzelzimmer (französisches Bett), Doppelzimmer oder Twin-Zimmer zur Verfügung stehen. Auf Wunsch bieten wir Ihnen alle Zimmerkategorien als Nichtraucherzimmer an. 45 Zimmer verfügen über einen Balkon zum Park.

Alle Zimmer sind mit Badezimmer (Dusche und/oder Badewanne, Waschbecken, Kosmetikspiegel, Fön, Toilette und Bidet), Kabelfernsehen, Internetanschluss, Videoanlage und Minibar ausgestattet.

Unseren Gästen steht weiterhin zur Verfügung:

Kostenfrei: Tiefgarage, 24-Stunden-Roomservice, Sauna, Fitnessraum.

Außerdem: Kosmetikstudio, edle Modeboutique, Mietwagenservice, Kartenvorverkauf für Oper, Theater, Konzerte und Kabarett

Gastronomie der Spitzenklasse:

Restaurant „Paris", in dem Sie sich mit exzellenter französischer Küche à la carte verwöhnen lassen können. Neben einer großen Karte bieten wir Ihnen Menüs, die Ihnen unser Küchenchef auch gerne individuell zusammenstellt. Unser Sommelier berät Sie gerne zu den Weinen unserer ausführlichen Weinkarte und zu unserer Auswahl an Spirituosen.

Café-Restaurant „Wien", in dem Sie aus einer Karte mit internationalen Gerichten wählen oder sich auch von verführerischen Brunch-, Lunch-, Kuchen- und Dinnerbuffets bedienen können.

Bar-Lounge „Prag", in der Sie sich mit edlen Spirituosen, raffinierten Cocktails (auch ohne Alkohol) und ausgewählten Kaffee- und Teespezialitäten verwöhnen lassen können. Kleinere Snacks bieten wir Ihnen hier bis in die frühen Morgenstunden an.

Ausrichtung Ihrer privaten und geschäftlichen Veranstaltungen:

Banketträume Hamburg, München, Dresden in verschiedenen Größen von 20 bis 80 Personen
Festsaal Berlin bis 120 Personen (teilbar in 3 Räume)

Wir beraten Sie gerne über die Veranstaltungsmöglichkeiten in unserem Hause. Unsere Bankettmappe hilft Ihnen bei der Auswahl von Menüs, Tagungsräumen, Tischordnungen und Tagungstechnik.

Unsere Mitarbeiter stellen sich vor:

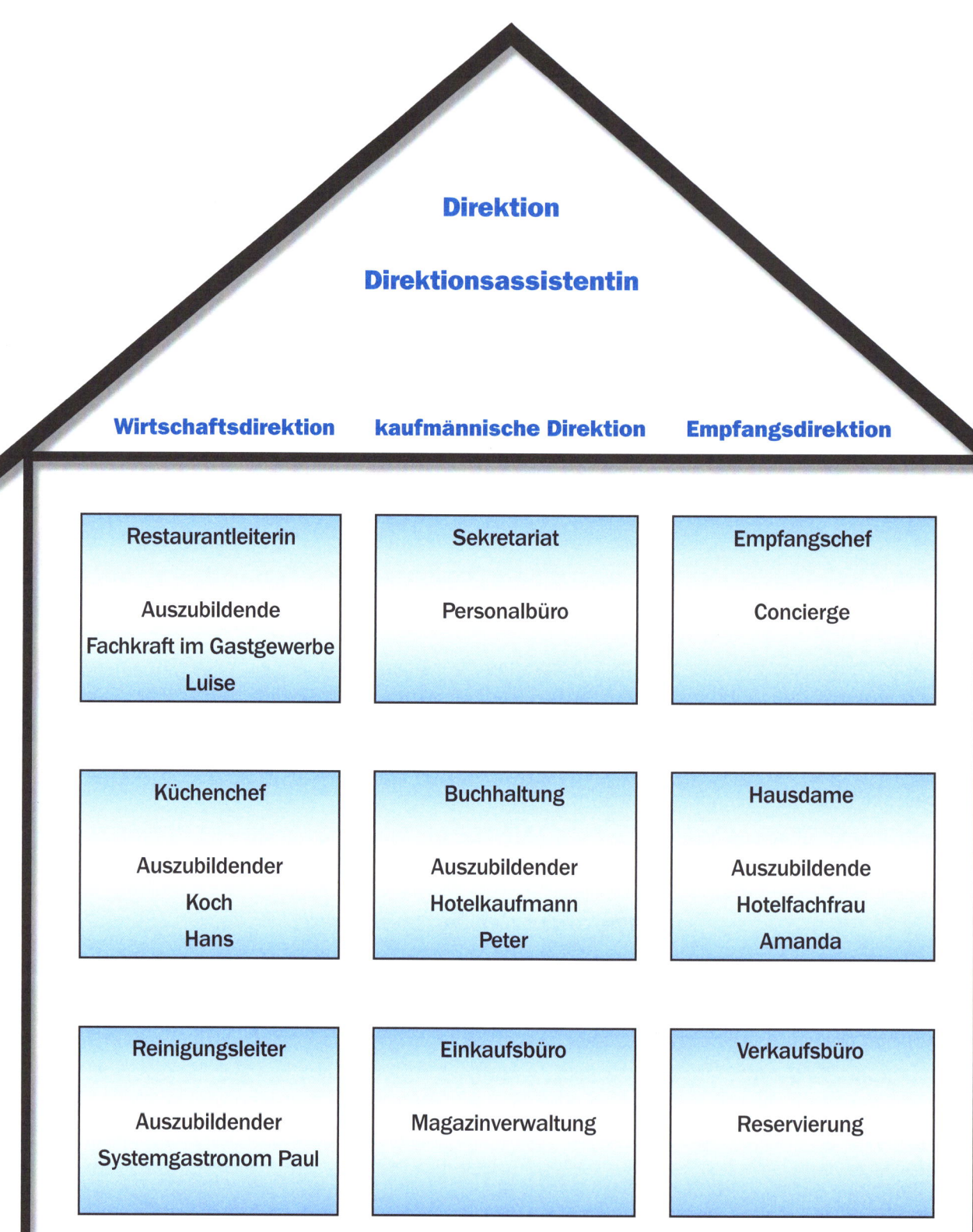

Direktion

Direktionsassistentin

Wirtschaftsdirektion	kaufmännische Direktion	Empfangsdirektion
Restaurantleiterin Auszubildende Fachkraft im Gastgewerbe Luise	Sekretariat Personalbüro	Empfangschef Concierge
Küchenchef Auszubildender Koch Hans	Buchhaltung Auszubildender Hotelkaufmann Peter	Hausdame Auszubildende Hotelfachfrau Amanda
Reinigungsleiter Auszubildender Systemgastronom Paul	Einkaufsbüro Magazinverwaltung	Verkaufsbüro Reservierung

Die Auszubildenden rotieren gemäß ihres Ausbildungsrahmenplans durch die Abteilungen des Hauses.

LERNSITUATION: ERSTELLEN EINER NEUEN SPEISEKARTE FÜR DAS RESTAURANT
Kalte Vorspeisen

Situation

Das Restaurant „Paris" soll eine neue Speisekarte erhalten. Es sollen vor allem klassische Speisen angeboten werden, die nach den Maßgaben der modernen Speisekunde überarbeitet worden sind. Luise und Hans sollen Vorschläge erarbeiten, die in der neuen Karte eingesetzt werden können.

Aufgabe 1a:

Hans und Luise orientieren sich an der existierenden Karte und stellen zunächst klassische kalte Vorspeisen zusammen. Hans bittet Luise jeweils gastgerechte Beschreibungen der Gerichte zu ergänzen, damit die Servicemitarbeiter in der Küche nicht immer nachfragen müssen, wenn Gäste eine Erläuterung des Gerichtes erwarten.

Ergänzen Sie die folgende Zusammenstellung mit Hilfe Ihres Fachbuches:

Rehpastete an Cumberlandsauce, Salatbukett in Balsamico-Vinaigrette	
Terrine von Lachs und Zander, mit Salat von grünem Spargel	
	Dünne Scheiben vom rohen Rinderfilet; meist mit etwas Salat, Vinaigrette; oft mit gehobeltem Parmesan
Sülze von Edelfischen und Krebsen, kleiner Salat in Joghurtdressing	
	Dünne Scheiben von gegartem Kalbfleisch mit Thunfischsauce und Kapern
Geräucherter Heilbutt mit Sahnemeerrettich	
	Lachsseiten mit Salz, Zucker und Aromaten gebeizt; mit einer Sauce aus Senf, Honig, Öl, Eigelb und Dill
Tatar, zubereitet am Tisch des Gastes	
	Salat aus blanchierten Selleriestreifen und Äpfeln in Mayonnaisesauce, garniert mit Walnüssen
Roastbeef mit Remouladensauce, Kopfsalat in Frenchdressing, Brot und Butter	
	Nordseekrabben in Cocktailsauce (Mayonnaise, Ketchup, Meerrettich, Orangensaft, Cognac) in der Cocktailschale angerichtet; Brot und Butter à part

LERNSITUATION: ERSTELLEN EINER NEUEN SPEISEKARTE FÜR DAS RESTAURANT

Kalte Vorspeisen

Aufgabe 1b:

Luise überlegt, nicht nur eine Liste der klassischen Vorspeisen zusammenzustellen, sie möchte überhaupt Ideen mit Schulfreunden und Kollegen austauschen, um für die neue Karte einen Pool von Möglichkeiten zur Verfügung zu haben.

Erstellen Sie mit Ihren Kollegen eine solche Übersicht:

KALTE VORSPEISEN

Kategorie	kartengerechte Beispiele:	Jahreszeit	Küchenart
aus Fisch und Meeresfrüchten	geräucherte Forellenfilets, Meerrettichsahne, Brot & Butter		
	Sülze von Edelfischen, Safranmayonnaise, Salatbukett		
aus Schlachtfleisch, Geflügel, Wild	Roastbeef mit Remouladensauce, Feldsalat		
	Hasenterrine mit Cumberlandsauce, Ruccolasalat		
aus Gemüse, vegetarisch	Artischockenböden gefüllt mit Champignonsalat		
	Mousse von dreierlei Paprika an Salatbukett		

Aufgabe 1c:

Versuchen Sie Ihre Vorschläge zum einen mit der zugehörigen Jahreszeit (Saison Frühling F, Sommer S, Herbst H, Winter W oder ganzjährig G) zu kennzeichnen, zum anderen markieren Sie die Zugehörigkeit des Gerichtes zur A feinen Küche und B bürgerlichen Küche.

LERNSITUATION: ERSTELLEN EINER NEUEN SPEISEKARTE FÜR DAS RESTAURANT
Herstellung von Suppen

Aufgabe 2a:

Nachdem geeignete Vorspeisen gefunden sind, wenden Hans und Luise sich den Suppen zu. Da Luise über die Herstellung und Benennung von Suppen keine Kenntnisse besitzt, legt Hans ihr einen Infotext aus der Schule vor – leider war er nicht sehr sorgfältig bei der Aufbewahrung seiner Unterlagen und durch Kaffeeflecken sind einige Worte unkenntlich geworden. Ergänzen Sie die fehlenden Worte:

> Abschnitten und Knochen   bindet die Brühe   das Gemüse   doppelte Kraftbrühe   Fleischabschnitte
> Gemüse, Kräutern und Gewürzen   Gemüsekremsuppen   gerösteten   Hülsenfrüchte oder Kartoffeln
> Klärfleisch   Klärfleisch und Wurzelgemüse   Klärung der Suppe   Knochen und Wurzelgemüse
> kräftige, intensiv   nicht mehr kochen   Rindfleisch   Roux   weniger oder gar kein Wurzelgemüse

Klare Suppen können aus Schlachtfleisch, Geflügel, Wild, Wildgeflügel oder Gemüse hergestellt werden. Zunächst muss hierfür eine Grundbrühe aus _____ des jeweiligen Rohstoffes hergestellt werden, die gemeinsam mit _____ ausgekocht werden. Aus der Grundbrühe, die in der Regel auf der Speisekarte so nicht angeboten wird, wird mit Hilfe von _____, Eiklar, _____ und Eis eine klare Kraftbrühe (Consommé), eine _____ (Consommé double) oder eine Essenz hergestellt. _____ intensivieren den Geschmack (– bei doppelter Kraftbrühe mit der doppelten Menge –), Eiklar und Fleischeiweiß bewirken die _____. Ist die Brühe, Kraftbrühe etc. nicht näher bezeichnet, handelt es sich immer um eine Zubereitung aus _____ – andere Rohstoffe müssen im Namen angegeben werden (z. B. Wildkraftbrühe).

Gebundene Suppen bestehen ebenfalls überwiegend aus einer Geschmack- und Namen gebenden Brühe, die auf verschiedene Arten weiter verarbeitet und dabei gebunden wird.
Kremsuppen werden mit einer _____ gebunden, d. h. Butter, Wurzelgemüse und Mehl werden erhitzt und später mit der jeweiligen Brühe aufgefüllt und gekocht. Das Mehl _____, sodass eine sämige Suppe entsteht, die mit Sahne und Butterflöckchen verfeinert wird.
_____ werden auch auf diese Art und Weise hergestellt, indem zu dem beschriebenen Ansatz _____ zugegeben, mitgekocht und später passiert wird.
Legierte Suppen werden zunächst wie Kremsuppen hergestellt – zur Vollendung jedoch mit einer Liaison (Eigelb und Sahne, verquirlt) gebunden, sodass _____ Mehl verwendet wird. Nach der Bindung mit der Liaison darf die Suppe _____, da sonst das Eigelb gerinnen würde.

Braune Suppen werden mit einem _____ Ansatz hergestellt, für den _____, _____ geröstet, mit Mehl bestäubt und mit Tomatenmark glasiert werden. Mit der passenden Grundbrühe aufgegossen ergeben sich besonders _____ schmeckende Suppen, wie z. B. Ochsenschwanzsuppe.
Püreesuppen werden überwiegend durch das Pürieren der wertgebenden Zutaten hergestellt. Häufig enthalten sie Gemüse, _____, sie können aber auch durch Mitgaren von Reis, durch Mehl oder mit Brot gebunden werden.

12 LERNSITUATION: ERSTELLEN EINER NEUEN SPEISEKARTE FÜR DAS RESTAURANT
Übersicht Suppen

Aufgabe 2b:

Luise sammelt auch für die Suppen mit ihren Freunden und Kollegen Beispiele in einer Übersicht um später auch für wechselnde Karten und Menüs eine Auswahl zu haben:

Art	mögliche Einlagen	Beispiele
Klare Suppen	Verschiedene Klößchen (Fleisch, Fisch, Leber, Grieß, Mark u.Ä.) Verschiedene Nocken (Käse, Butter, Quark u.Ä.) Eierstich, Crêpesstreifen Teigwaren, Reis, Kräuter Gemüse	Rinderkraftbrühe Dubarry (Blumenkohl, Eierstich, Reis) _____ _____ _____ _____ _____
Gebundene Suppen	**Rahm-/Samtsuppen** Gemüse-/Pilzstreifen und -würfel, Reis Teigwaren, Croûtons **Gemüsesuppen** Gemüse, Reis, Kräuter Teigwaren, Croûtons **Püreesuppen** Croûtons, Speckwürfel Gemüsestreifen/-würfel Reis, Kräuter **Dunkle gebundene Suppen** Fleischstreifen/-würfel Gemüsewürfel, Alkoholika	Champignoncremesuppe _____ _____ _____ Linsensuppe, _____ _____ _____ _____ _____ _____ _____ _____
Spezialsuppen	Nationalsuppen Regionalsuppen Exotische Suppen Eintopfgerichte	_____ _____ _____ schwäbische Brotsuppe _____ Haifischflossensuppe _____ Pichelsteiner _____ Irish Stew _____

LERNSITUATION: ERSTELLEN EINER NEUEN SPEISEKARTE FÜR DAS RESTAURANT
Suppeneinlagen

Aufgabe 2c:

Hans findet, dass klare Suppen immer eine adäquate Einlage benötigen. Er entdeckt im Buch eine Übersicht und bemerkt, dass es viele Fachbegriffe und Garnituren gibt. Er möchte auch für diese ein Infoblatt gestalten, das allen Mitarbeitern zugänglich gemacht werden soll.

Ergänzen Sie die folgende Liste:

Deutsche Bezeichnung	Französische Bezeichnung	Beschreibung
	Célestine	
Eierstich		Eigelb mit Sahne und Gewürzen im Wasserbad gestockt, Würfel oder Rauten
		Kleine Brandteigkrapfen, gebacken
	Quenelles	
Gemüsestreifen		
	Brunoise	
		In Butter geröstete Weißbrotwürfel
	Paysanne	
Eieinlauf		

Aufgabe 2d:

Suchen Sie in Ihrem Fachbuch und anderen geeigneten Büchern nach Garnituren für klare Suppen und versuchen Sie diese gastgerecht zu erklären.

LERNSITUATION: ERSTELLEN EINER NEUER SPEISEKARTE FÜR DAS RESTAURANT
Übung Suppen und Suppeneinlagen

Aufgabe 2e:

senkrecht:

① Wenn Bauern eine Suppe mit viel Gemüse machen, schneiden sie selbiges so.
② Geschrumpfte Beutel mit viel Wind drin.
③ Dieses Fräulein aß immer so gerne Kräutercrêpes in feinen Streifen.
④ Kohlsuppe mit Rote Bete und Sauerrahm aus dem eisigen Nordosten.
⑤ Aus dem französischen Fischernetz auf den fein gedeckten Tisch.
⑥ Das gibt Kraft: Deutsches Schwerarbeiteressen in suppiger Form.

waagerecht:

❶ Königliche Suppeneinlage!
❷ Fachbegriff für durchsichtige, kraftvolle Suppe.
❸ Englische Variante von 2 waagerecht – aus ursprünglichem Fliegenverscheucher.
❹ Die schmecken auch auf dem Salat! Weißbrot in seiner leckersten Form.
❺ Aus Grieß, Leber, Fleisch oder Fisch – mit Löffel abgedreht oder gerollt.
❻ Damit werden Suppen wie 2 waagerecht angereichert – geschnitten wie 3 senkrecht.
❼ Italienischer Bruder von 6 senkrecht mit Einlage aus 1 senkrecht und mehr.
❽ Anderer Ausdruck für 5 waagerecht – vor allem in Österreich.
❾ Die dürfen in Europa nicht mehr aus dem Meer in den Topf – Mockturtle heißt der Ersatz.
❿ Diese Dame war eine königliche Maitresse, zu deren Ehren eine Suppe mit schnödem Kohl kreiert wurde!
⓫ Reichert man 2 waagerecht mit Tomaten und gackerndem Hühnchen an, heißt diese Garnitur so!
⓬ Grundlage für Fräuleins Freuden in 3 senkrecht.

Buchstabensuppe

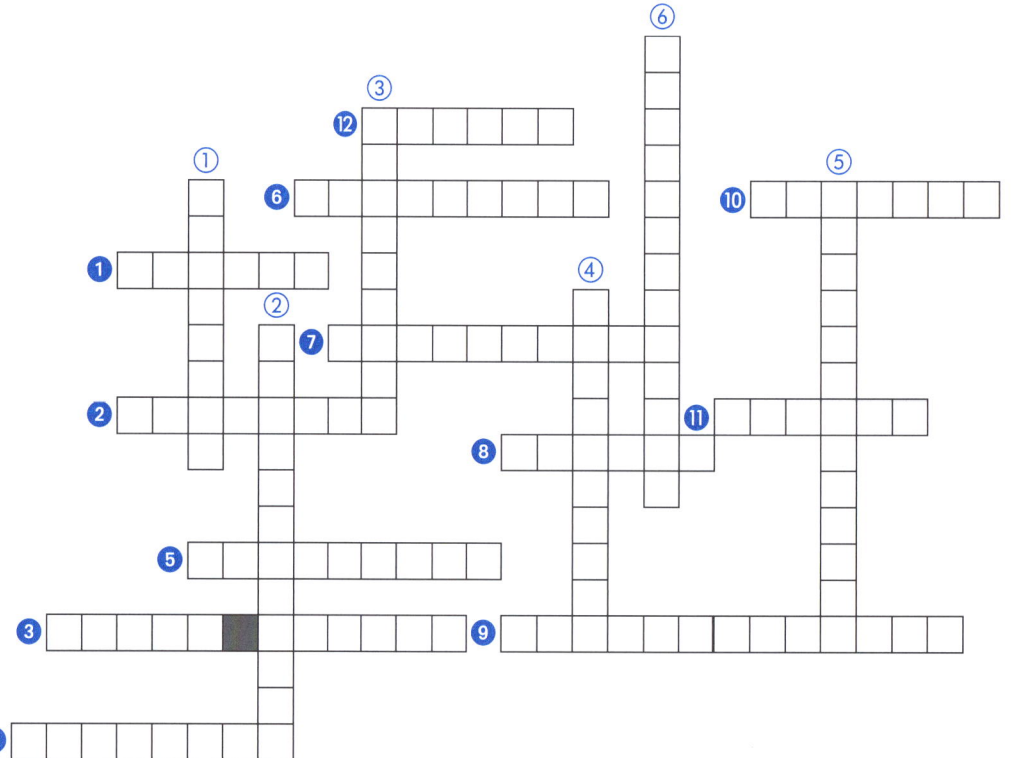

LERNSITUATION: ERSTELLEN EINER NEUEN SPEISEKARTE FÜR DAS RESTAURANT
Warme Vorspeisen

Aufgabe 3a:

Nachdem kalte Vorspeisen und Suppen zusammengestellt sind, überlegen Hans und Luise gemeinsam, welche warmen Vorspeisen (auch Zwischengerichte) möglich sind. Hans meint, dass es sich im Wesentlichen um kleinere Hauptgerichte handelt. Luise widerspricht ihm: Sie meint, dass es sich nicht nur um „kleine Hauptgerichte" handelt, sondern dass bestimmte Voraussetzungen für warme Vorspeisen gelten. Helfen Sie Luise bei ihrer Argumentation!

Warme Vorspeisen ...

- können eine Kombination von warmen Hauptkomponenten und kleinen kalten Beilagen sein

Aufgabe 3b:

Gemeinsam versuchen Hans und Luise eine Liste möglicher Vorschläge, geordnet nach Warengruppen, zusammenzustellen:

Warengruppe	Vorschlag warme Vorspeise
Geflügel	• poeliertes Stubenküken, Rosmarinrahm, Nusskartoffeln
Wildgeflügel	• bardierte Fasanenbrust auf Portweinjus, Kartoffelperlen
Schlachtfleisch (Rind, Kalb, Lamm, Schwein)	• Königinpastetchen mit Trüffeln
Wild	• gebratenes Frischlingsfilet, Kartoffelnest gefüllt mit Preiselbeerbutter
Fisch	• Zopf von Lachs und Seezunge, Rieslingsauce, Fleuron
Meeresfrüchte	• gratiniertes Ragout von Jakobsmuscheln mit Spargel
Gemüse	• Roulade von Aubergine und Schafskäse auf Tomatenpesto
Teigwaren	• Steinpilzpanzerotti in Salbeibutter
Teige und Massen	• Quiche Lorraine, Blattsalate in Sahnedressing

16 LERNSITUATION: ERSTELLEN EINER NEUEN SPEISEKARTE FÜR DAS RESTAURANT
Fischgerichte

Aufgabe 4a:

Hans ist mit Luises Vorschlag zu der warmen Fischvorspeise nicht einverstanden: „Das ist doch schon ein Fischgericht!" Luise meint aber, dass je nach Menüfolge auch dieser Vorschlag in Ordnung geht. Hans will nun „echte" Fischgerichte für die neue Karte sammeln.

Füllen Sie in der folgenden Tabelle je die erste Spalte aus und geben Sie sie an Ihren Sitznachbarn weiter. Nun füllen Sie die nächste Spalte aus und geben weiter, und so weiter, bis die Tabelle ausgefüllt wieder bei Ihnen ankommt.

Salate					
Beilage					
Gemüse					
Sauce					
Fisch					
Garverfahren					

Aufgabe 4b:

Stellen Sie aus den gesammelten Vorschlägen eine Aktionskarte zusammen. Als Basis soll die erarbeitete Tabelle dienen und die Karte soll keine Preise enthalten.

LERNSITUATION: ERSTELLEN EINER NEUEN SPEISEKARTE FÜR DAS RESTAURANT
Zubereitungen von Schlachtfleisch

Aufgabe 5a:

Hans und Luise nehmen nun die Hauptgerichte für ihre neue Speisekarte in Angriff. Der Küchenchef legt ihnen zunächst eine Liste mit Klassikern der Speisekarte vor. Vervollständigen Sie die Lücken mit Hilfe Ihres Fachbuches:

Name	Schlachttier	Beschreibung	typische Beilagen
Roulade	_____	_____	Klöße, Salzkartoffeln
_____	Schwein	Zwiebelstreifen anbraten, Fleischwürfel zugeben, Salz, Pfeffer, Gewürzpaprika, Tomatenmark, Flüssigkeit, Sauerkraut – schmoren.	Spätzle, Serviettenknödel
Osso buco	_____	_____	_____
_____	_____	Gepökelter Kochschinken vom Schwein, geräuchert. In Portwein geschmort oder im Brotteig gebacken	_____
Irish-Stew	_____	_____	—
_____	_____	Kalbsfiletstreifen scharf anbraten, Schalottenbrunoise und Champignons anschwitzen, Jus angießen, mit Sahne verkochen	_____
Sauerbraten	_____	_____	_____
_____	_____	Fleisch in Burgunderwein marinieren, anbraten, Mirepoix anbraten, Tomatenmark, mit Marinade ablöschen, schmoren, Sauce passieren – Fleischscheiben in der Sauce anrichten	_____
Lammcurry	_____	_____	_____
_____	_____	Fleisch mit Spickzwiebel, Gemüsebund, Kräutern in Salzwasser gargezogen, Brühe zu Meerrettichsauce verarbeitet	_____
Saltimbocca à la romana	_____	_____	_____
_____	_____	Kalbsschnitzel fariniert, durch Ei und gehobelten Parmesankäse mit Weißbrotkrume gezogen, in der Pfanne gebraten, dazu Tomatensauce	_____

LERNSITUATION: ERSTELLEN EINER NEUEN SPEISEKARTE FÜR DAS RESTAURANT
Übung zu Zubereitungen von Schlachtfleisch

Aufgabe 5b:

Finden Sie das Lösungswort im folgenden Rätsel:

① Meist unerwünschter Bestandteil eines Fleischstückes.
② Italienische Spezialität aus Kalbfleisch mit Parmaschinken und Salbei.
③ Scheibe vom Rücken mit langem Rippenknochen.
④ Ernährungsphysiologisches Argument für Fleischverzehr – hier besonders hochwertiger Bestandteil.
⑤ Italienische Spezialität aus der Kalbsbeinscheibe.
⑥ Sammelbegriff für Fleisch von Rind, Schwein, Lamm und Kalb.
⑦ Irisches Eintopfgericht aus Lammfleisch.
⑧ Edelster Teil eines Schlachttieres.
⑨ Beliebteste und bekannteste Zubereitung aus Kalbfleisch.
⑩ Immer mit Parmesan paniert!
⑪ Beliebtes deutsches Gericht aus Fleischwürfeln mit vielen Zwiebeln.
⑫ Früher häufiger als Rind- und Schweinefleisch – doch heute gibt's ja Autos.
⑬ Feine Streifen von Schlachtfleisch werden hierzu verarbeitet.
⑭ Zäher Rinderbraten wird zart, wenn man Selbiges daraus herstellt.
⑮ Edlere Variante von 14. – unter Verwendung eines berühmten roten Franzosen.
⑯ Bekannte Zubereitung aus Rindfleisch – gut gerollt ist halb gewonnen!

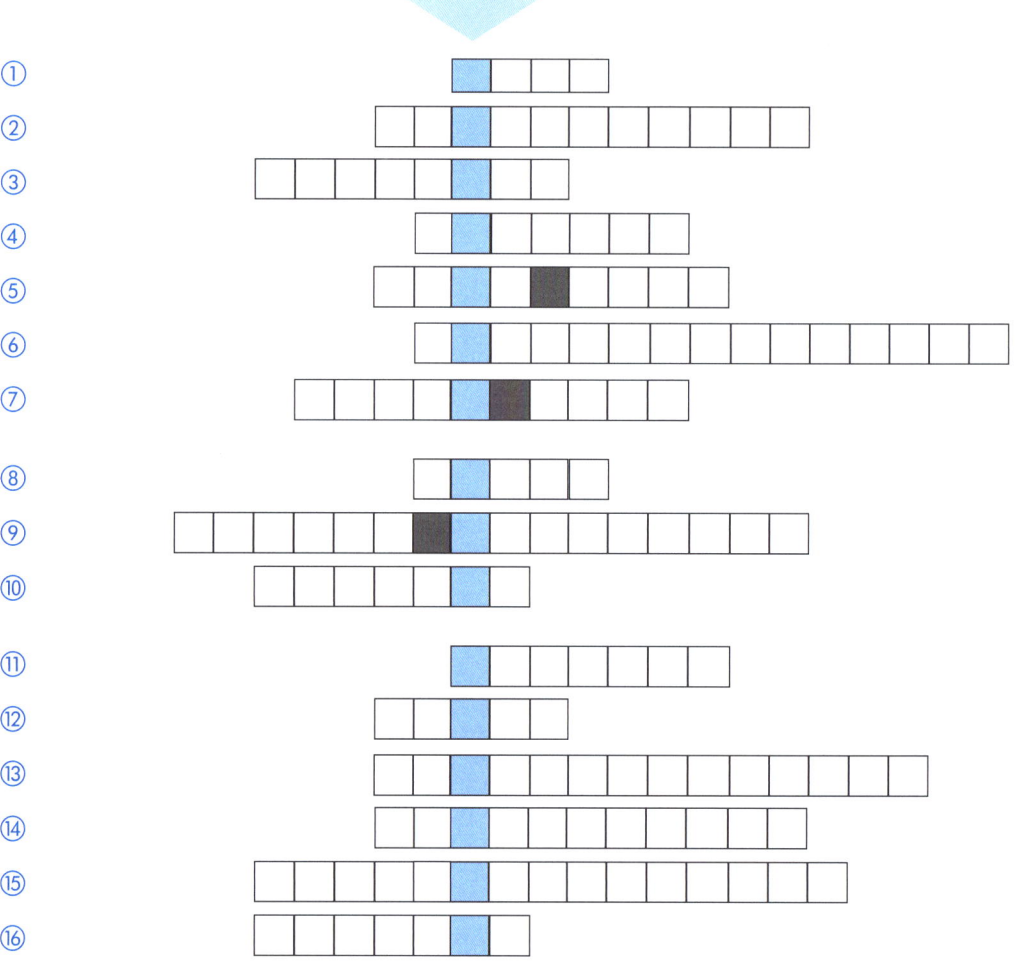

LERNSITUATION: ERSTELLEN EINER NEUEN SPEISEKARTE FÜR DAS RESTAURANT
Steaks vom Rind

Aufgabe 5c:

Luise möchte gerne, neben den klassischen Gerichten aus Schlachtfleisch, auch einen Kartenteil mit Steaks in die Speisekarte aufnehmen. Sie ist der Ansicht, dass die Vielfalt der Möglichkeiten hier ein Vorteil ist. Hans ist irritiert: Gibt es denn so viele verschiedene Steaks?

Helfen Sie ihm Luises Nennungen zu definieren.

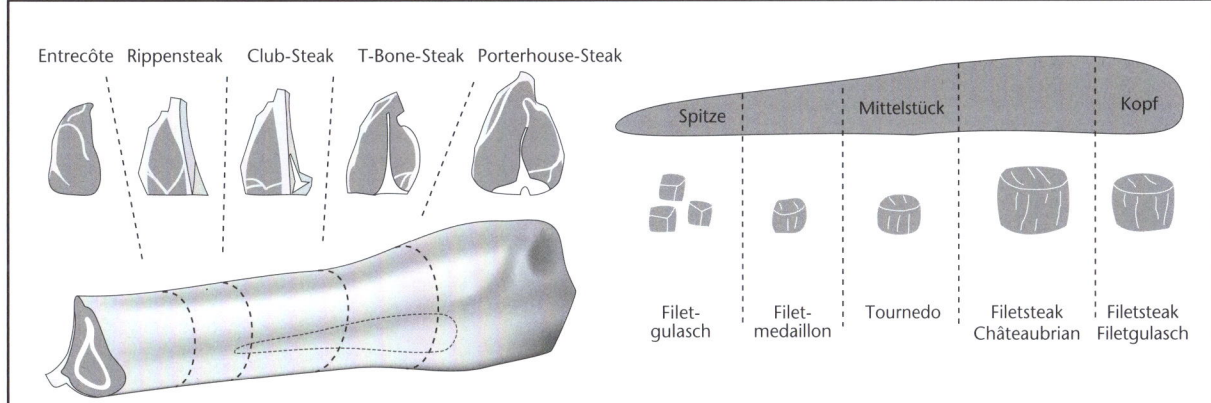

Name	Beschreibung	Portion
Châteaubriand		2 Personen 400 g
Filetsteak (Tenderloin-Steak)		160–180 g auch 200–220 g
Entrecôte (Entrecôte double)		180–200 g (400 g bei 2 Personen)
Tournedo		2 Stk. je Portion je 50–75 g
T-Bone-Steak		2 Personen 600–700 g
Rumpsteak (Sirloin-Steak)		200 g (400 g)
Filetmedaillon		2 Stk. je Portion je ca. 75 g
Porterhouse-Steak		2–4 Pers. 800–1000 g
Club-Steak		2–4 Pers. 1000 g
Rippensteak		ca. 1000 g

LERNSITUATION: ERSTELLEN EINER NEUEN SPEISEKARTE FÜR DAS RESTAURANT
Wild und Wildgerichte

Aufgabe 5d:

Hans möchte gerne in der Saison Wildgerichte in die Karte aufnehmen bzw. als Sonderkarte anbieten. Gemeinsam mit Luise schlägt er Informationen über Wild und Wildgeflügel nach, um ein adäquates Angebot erstellen zu können:

Wildart	Beschaffenheit	Saison	Verwendung
Rehwild	rotbraun, von jungen Tieren, saftig	Mitte Mai bis Januar	
Rotwild	dunkelbraun, kernig, aromatisch	August bis Mitte Januar	
Schwarzwild	dunkelrot, sehr aromatisch, ältere Tiere bardieren	Mitte Juni bis Ende Januar, Frischlinge ganzjährig	
Hasen	braunrot, zart, mild	Oktober bis Januar	
Damwild	rotbraun, saftig (ähnlich Rehwild)	September bis Mitte Januar	
Muffelwild	hell, sehr saftig	August bis Ende Januar	
Rebhuhn	mager, sehr aromatisch	September bis Mitte Dezember	
Fasan	hell, langfaserig, weniger saftig als Rebhuhn	Oktober bis Mitte Januar (oft Zucht)	
Wildente (= Flugente)	mager, kernig	September bis Mitte Januar (oft Zucht)	
Wildtaube	zart	Juli bis April (oft Zucht)	

LERNSITUATION: ERSTELLEN EINER NEUEN SPEISEKARTE FÜR DAS RESTAURANT
Saison und Zubereitung von Gemüse

Aufgabe 6a:

Der Küchenchef ist von Hans und Luises Sammlung der Möglichkeiten begeistert. Allerdings bemängelt er, dass die beiden die Sättigungsbeilagen, Gemüsebeilagen und Saucen vergessen haben. Er schlägt eine Gemüseliste nach Saison, eine Sammlung von Sättigungsbeilagen und eine Übersicht über die Grundsaucen zur Vervollständigung der Speisekarte vor.

Hans und Luise machen sich an die Arbeit:

Gemüseübersicht:

Frühling	Sommer

Herbst	Winter

Aufgabe 6b:

Finden Sie Beispiele für attraktive Gemüsekombinationen, die als Beilage Tellergerichte ergänzen können (z.B. gefüllte Gemüse, Zubereitungen, Sonderzubereitungen).

LERNSITUATION: ERSTELLEN EINER NEUEN SPEISEKARTE FÜR DAS RESTAURANT
Kartoffelzubereitungen

Aufgabe 6c:

Hans erinnert sich, dass er in der Schule schon ein paar Sättigungsbeilagen kennengelernt hat. Luise findet eine alte Klassenarbeit ihres Kollegen aus der Oberstufe, die dieser nicht ausfüllen konnte. Gemeinsam versuchen sie ihr Glück:

deutsche Bezeichnung	französische Bezeichnung	Beschreibung (was, wie geformt und gegart)
Strohkartoffeln		
	Pommes Macaire	
		Kleine, aus Krokettenmasse dressierte Törtchen, im Ofen gebacken
Bernykartoffeln		
	Pommes château	
		Krokettenmasse in Walzenform, paniert, frittiert
Kartoffelkrapfen (Kronprinzenkartoffeln)		
	Pommes allumettes	
Lorette-Kartoffeln		
		Kartoffelscheiben in Milch und Sahne mit Gewürzen gegart, im Ofen gebacken und gratiniert mit Käse

Aufgabe 6d:

Informieren Sie sich über weitere Kartoffelbeilagen, die eventuell auch in Ihrem Betrieb angeboten werden und erweitern Sie die Liste!

LERNSITUATION: ERSTELLEN EINER NEUEN SPEISEKARTE FÜR DAS RESTAURANT

Sättigungsbeilagen aus Getreide

Aufgabe 6e:

Hans isst nicht gerne Kartoffeln. Deswegen drängt er Luise auch andere Sättigungsbeilagen aufzunehmen. Er schlägt verschiedene Beilagen vor, die er für viel leckerer hält:

Beilage:	Beschreibung:
Risotto	
Pilaw	
Polenta	
Gnocchi piémontaise	
Teigwaren	
grün gefärbt durch	
gelb gefärbt durch	
rot gefärbt durch	
schwarz gefärbt durch	
Lasagne (Gericht)	
Maultaschen (Gericht)	
Schupfnudeln	

Ergänzen Sie die Liste um weitere bekannte Nudelformen!

24 LERNSITUATION: ERSTELLEN EINER NEUEN SPEISEKARTE FÜR DAS RESTAURANT
Übung zu Gemüse und Sättigungsbeilagen

Aufgabe 6f:

waagerecht:

1. Edles Frühlingsgemüse in weiß und grün.
2. Italienische Spezialnudel mit Kartoffeln drin.
3. Rundkornreis, viel Rühren und Parmesan gehören hierzu!
4. Talerförmige Kartoffelzubereitung, in der Pfanne gebraten.
5. So nennt man der Deutschen Lieblingskartoffel – eigentlich heißt so die Kartoffel (und der Apfel) auf französisch!
6. Französisch für Herzogin und „Törtchenkartoffeln".
7. Deutsche Bezeichnung für 4 waagerecht.
8. In diesen Kugeln sind 12 waagerecht drin – sehr edel!
9. Reiszubereitung aus Langkornreis.
10. Stangenförmiges Zwiebelgemüse.
11. Halbmondförmige Kartoffelspezialität mit Parmesan.
12. Besondere Pilze – da braucht man zum Finden ein feines Näschen!
13. Italienische Spezialität – gefüllt und gefaltet

senkrecht:

1. Kartoffeln mit zündender Formgebung.
2. Französischer Name für zylinderförmige, frittierte Kartoffelzubereitung.
3. So trocken wie Stroh sollen sie sein – so übersetzt sich auch der Fachname.
4. Maisgrießschnitten bezeichnet man so.
5. Blumiges deutsches Gemüse in Frühling und Herbst.
6. Eierfrucht nennt man sie auch – violette Keulen wäre eine Beschreibung.
7. Für viele der Höhepunkt italienischer Pasta!

BEILAGENSALAT

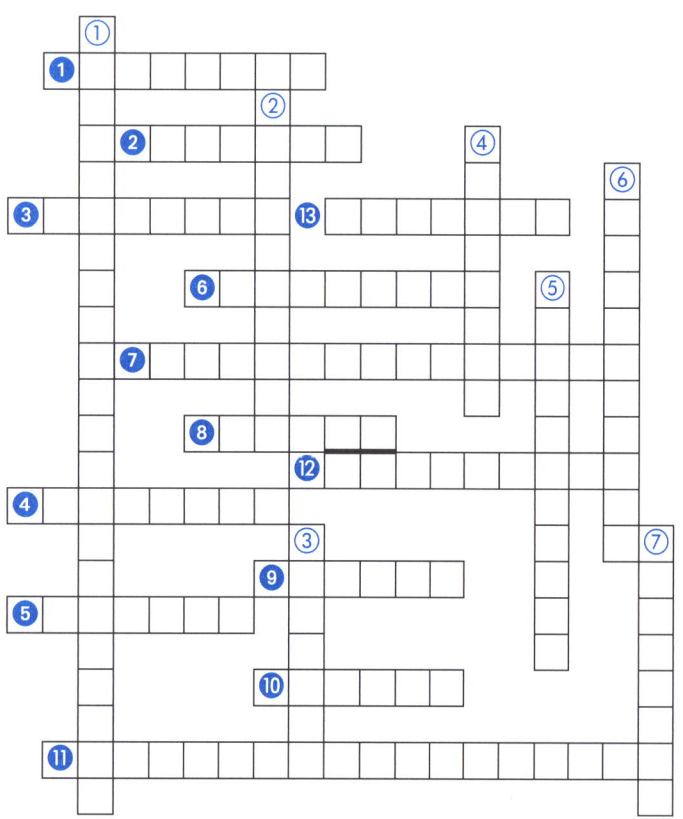

LERNSITUATION: ERSTELLEN EINER NEUEN SPEISEKARTE FÜR DAS RESTAURANT
Herstellung von Saucen

Aufgabe 7a:

Nachdem sich Hans und Luise mit den Beilagen beschäftigt haben, bleiben nur noch die Saucen übrig. Der Küchenchef möchte ihnen helfen und kramt aus den Tiefen seines Schreibtisches einen Infotext hervor, der sehr gelitten hat. Vervollständigen Sie den lückenhaften Text:

aufgeschlagenen	Béchamel	Begleiter	Butter	Demi-glace	Eigelb	Grundbrühe	Grundbrühe
Hauptgericht	Hollandaise	Hollandaise	Jus	Milch	Milch
Mayonnaise	Öl	Reduktion	Rösten	Roux	Sättigungsbeilage	Velouté

Saucen sind wichtige _____ von Speisen. Sie runden ein Gericht ab oder ergänzen es in geeigneter Art und Weise. Ihre Auswahl orientiert sich an dem geplanten _____ und der _____, die ohne Sauce oft kaum verzehrbar ist.

Dunkle Grundsaucen werden als _____ (Bratensaft) oder _____ bezeichnet und entstehen durch das _____ von Schlachttierknochen mit Wurzelgemüsen, Gewürzen und Tomatenmark. Sie sind ungebunden und werden häufig mit Weinen, auch Südweinen, Zwiebelbrunoise und Aromaten verfeinert.

Helle Grundsaucen basieren meist auf einer _____ (Mehlschwitze) und werden entweder mit der passenden _____ oder _____ aufgekocht. Wird die passende _____ verwendet, nennt man diese Saucen _____, wird _____ hierfür verwendet, nennt man sie _____. Beide Saucen passen besonders gut zu gedünsteten, gekochten oder gedämpften Fisch-, Fleisch- oder Gemüsegerichten. Verfeinert werden diese Saucen häufig mit stark aromatischen Zutaten wie Meerrettich, Hummerbutter, Pilzen oder Kräuter.

Die edelsten Saucen der Küche sind die _____ Saucen: Sie können warm aufgeschlagen werden als _____ oder kalt hergestellt werden als _____. Für die warm aufgeschlagene _____ werden Eigelbe mit einer _____ von Weißwein, Wasser, Essig und Gewürzen im Wasserbad aufgeschlagen. In den entstandenen „Schaum" wird flüssige _____ eingerührt. Vollendet wird diese Grundsauce mit zu der geplanten Speise passenden Zutaten, wie Zitronensaft, Tomatenpüree, Kräuter oder geschlagene Sahne. Die kalt aufgeschlagenen Saucen werden vergleichbar auf der Basis von _____ und _____ hergestellt. Auch sie können mit Aroma gebenden Zutaten in vielfältiger Art und Weise abgerundet werden.

LERNSITUATION: ERSTELLEN EINER NEUEN SPEISEKARTE FÜR DAS RESTAURANT
Zuordnung von Saucen und Sättigungsbeilagen

Aufgabe 7b:

Ergänzen Sie in der folgenden Aufgabe zu den Gerichten die passende Sauce. Informieren Sie sich über geeignete Saucen in Ihrem Fachbuch und schlagen Sie, wenn möglich, auch noch geeignete Sättigungsbeilagen vor. Sie sollten dabei abwechslungsreich und kreativ vorgehen: Versuchen Sie keine Saucen und Beilagen zu wiederholen!

Hauptgericht	Sauce	Sättigungsbeilage
gebratenes Rinderfiletsteak		
gedünstete Seezungenschleifen		
gekochter Tafelspitz		
gegrillter Seewolf		
poeliertes Stubenküken		
gegrillte Lammkoteletts		
gebratener Hirschkalbsrücken		
gedämpftes Doradenfilet		
in der Folie gebackener Seeteufel		
gebratene Kalbsschnitzelchen		
Auswahl gedünsteter Gemüse vom Markt		
gedämpfte Hechtklößchen		
gebratene Riesengarnelen		
gebratene Medaillons vom Kalb		
gegrilltes Entrecôte		
gekochte Ochsenbrust		
gebratene Jakobsmuscheln		
gedünstete Poulardenbrust		

LERNSITUATION: ERSTELLEN EINER NEUEN SPEISEKARTE FÜR DAS RESTAURANT
Käseherstellung

Aufgabe 8a:

„Mein Vater hat immer behauptet: Ein Menü ohne Käse ist Käse!" sagt Hans überzeugt und meint, dass unbedingt Käsegerichte in die Karte aufgenommen werden müssen. Luise dagegen ist der Ansicht, dass ein Käsebrett, von dem im Restaurant angeboten werden kann, besser geeignet ist. Gemeinsam einigen sie sich darauf erst einmal das Angebot zu sichten und ein für alle Mitarbeiter nutzbares Informationsblatt zu erstellen:

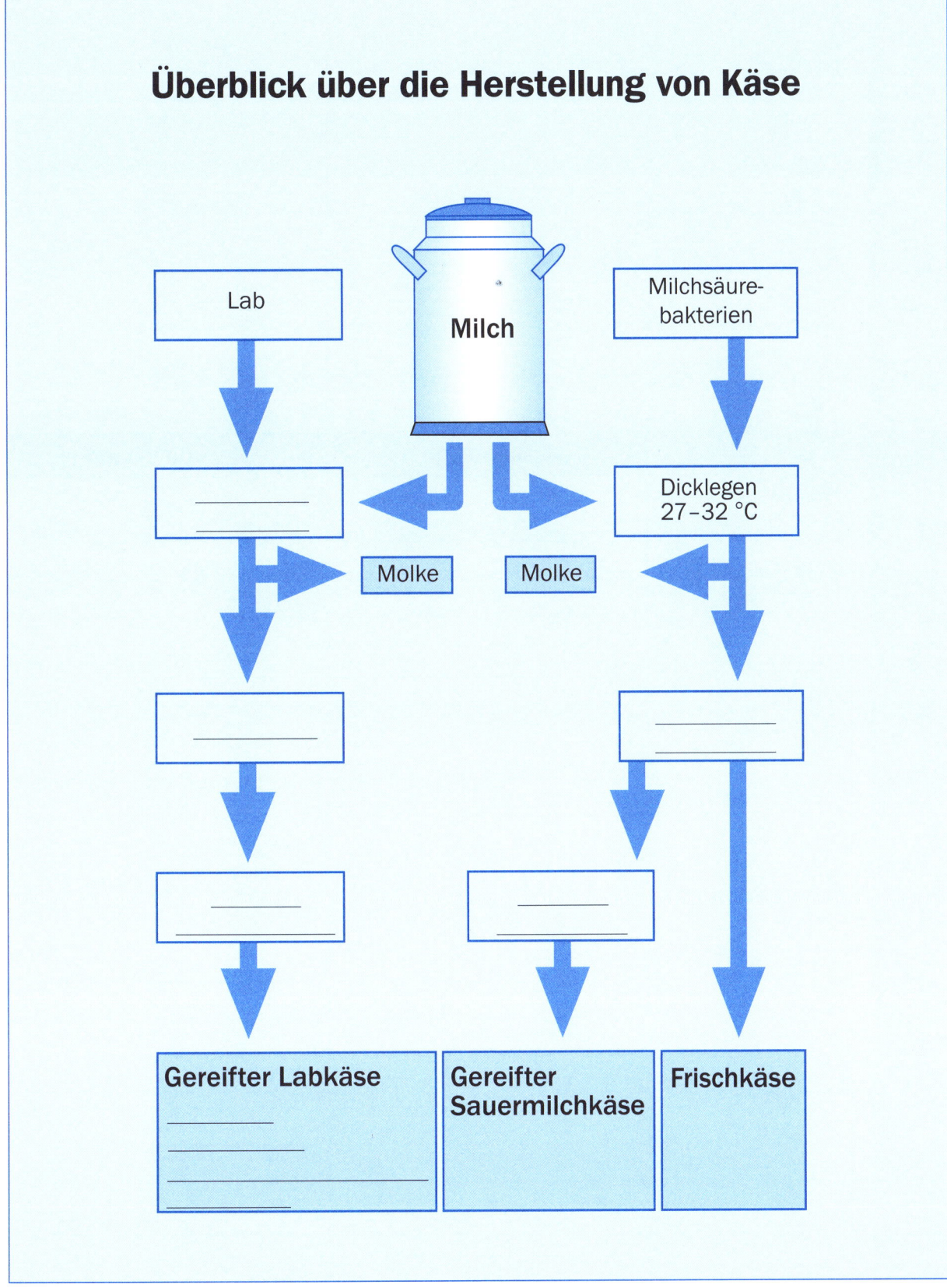

LERNSITUATION: ERSTELLEN EINER NEUEN SPEISEKARTE FÜR DAS RESTAURANT
Zuordnung von europäischen Käsespezialitäten

Aufgabe 8b:

Suchen Sie Käsesorten, die sich den verschiedenen Kategorien zuordnen lassen. Notieren Sie dazu die jeweiligen Herkunftsländer.

SAUERMILCHKÄSE

	Käsesorten	Herkunftsland
Frischkäse		
Sauermilchkäse		

SÜSSMILCHKÄSE

	Käsesorten	Herkunftsland
Weichkäse		
halbfester Schnittkäse		
Schnittkäse		
Hartkäse		

LERNSITUATION: ERSTELLEN EINER NEUEN SPEISEKARTE FÜR DAS RESTAURANT
Zusammenstellung einer Käseplatte; Käsezubereitungen

Aufgabe 8c:

Stellen Sie für Ihr Restaurant eine Käseplatte (40 x 70 cm) zusammen. Sie soll im À-la-carte-Service an den Tisch des Gastes gebracht werden und garniert sein. Zeichnen Sie Ihre Vorschläge mit Fachnamen in die Platte ein:

Aufgabe 8d:

Hans möchte nun gerne noch Käsegerichte, die im Menü statt eines Desserts oder zusätzlich zu einem Dessert gereicht werden können, sammeln. Leider fällt ihm wenig Sinnvolles ein. Sein Küchenchef leiht ihm ein Buch über Käse. Versuchen Sie geeignete Käsegerichte zu finden:

Käsegericht	Beschreibung
Gratinierter Ziegenfrischkäse mit Quittenconfit (Quittensauce)	Ziegenfrischkäse wird auf Baguettescheiben dick aufgetragen und im Ofen überbacken. Angerichtet mit der Quittensauce und einem Salatbukett (z. B. Rucola), Vinaigrette

LERNSITUATION: ERSTELLEN EINER NEUEN SPEISEKARTE FÜR DAS RESTAURANT
Übersicht über die Dessertvielfalt

Aufgabe 9a:

Hans und Luise planen „Das süße Finale" ihrer Speisekarte. Zunächst informieren sie sich über die Vielfalt möglicher Desserts und sammeln Beispiele:

DESSERTS

Cremespeisen
- Crème caramel (Karamellkrem, gestockt)
- _____
- _____
- _____
- _____

Süßspeisen aus Reis und Grieß
- Reis Trauttmannsdorff (Milchreis mit mazerierten Früchten)
- _____
- _____
- _____
- _____

Eisspeisen
- Eisparfait (Halbgefrorenes mit Aroma)
- _____
- _____
- _____
- _____

warme Süßspeisen
- Crêpes Suzettes (Crêpes in Orangensauce)
- _____
- _____
- _____

Kleingebäcke
- Savarin (Hefeteigring, getränkt, gefüllt)
- _____
- _____

LERNSITUATION: ERSTELLEN EINER NEUEN SPEISEKARTE FÜR DAS RESTAURANT
Dominospiel Desserts

Aufgabe 9b:

Luise findet in einem Schrank des Office ein Domino-Spiel mit Desserts. Schneiden Sie die folgende Seite aus (oder übertragen Sie die Spielsteine auf Vokabelkarten) und setzen Sie das folgende Spiel zu einem geschlossenen Viereck zusammen.

Schokoladenmousse	Hefeteig in Ringform backen, tränken mit Läuterzucker, Alkohol
Panna cotta	Crêpe in Sauce aus Orangensaft, Grand Marnier, Zucker erwärmen; mit Weinbrand flambieren
Crème caramel	Beerenfrüchte mit Zucker, Zimt, Vanille aufkochen; mit Sago oder Stärke binden
Bayrische Krem	= Liebesknochen: Brandteiggebäck gefüllt mit Vanille- oder Schokoladenflammerie
Eisparfait	Brandmasse in Ringe spritzen und im tiefen Fett frittieren, glasieren
Savarin	Milch mit Vanille, Zucker aufkochen, mit Mehlbutter binden und Eier im Wasserbad garen
Éclairs	Fruchtsaft mit Wein, Läuterzucker in der Eismaschine gefroren
Grießflammerie	Eigelbe, Zucker und Aroma aufschlagen, geschlagene Sahne unterheben, gefrieren
Rote Grütze	Runde Form mit Löffelbiskuit auskleiden, mit Bayrisch Krem füllen, erkalten, stürzen
Fürst-Pückler-Eis	Strudelteig dünn ausziehen, mit Apfelscheiben, Zimt, evtl. Rosinen füllen; backen
Sorbet	Eisbombenform ausgelegt mit Biskuitroulade, gefüllt mit Vanille-bayrisch-Krem
Windbeutel	Förmchen mit Karamell ausgießen; Milch aufkochen, zu Ei + Zucker gießen, im Wasserbad garen
Charlotte Royal	halbrunde Form zuerst mit Schokoladen-, dann Vanille-, dann Erdbeereis füllen
Reis Trauttmannsdorff	Milch aufkochen + Eigelbe, Zucker + Gelatine, geschlagene Sahne, kalt stellen
Crêpes Suzettes	Brandteig zu Törtchen spritzen, backen; mit Krems oder Sahne oder Früchten füllen
Spritzkuchen	Milchreis mit Gelatine, geschlagener Sahne; in Kirschwasser mazerierte Früchte
Crème brûlée	Milch aufkochen, mit Grieß binden, Eigelbe einrühren, Eischnee (Sahne) unterziehen
Charlotte russe	Karamell mit Milch aufkochen, mit Stärke binden, abkühlen, geschlagene Sahne unterziehen
Apfelstrudel	Kuvertüre schmelzen; Eier, Zucker aufschlagen, zugeben, geschlagene Sahne unterheben
Sächsischer Pudding	Pfannkuchenteig mit Rosinen anbraten, in Stücke zerreißen, fertiggaren
Kaiserschmarrn	Milch, Vanille, Zucker aufkochen; Gelatine zugeben; in Förmchen stocken

LERNSITUATION: ERSTELLEN EINER NEUEN SPEISEKARTE FÜR DAS RESTAURANT
Dominospiel Desserts

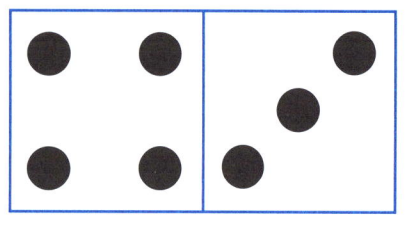 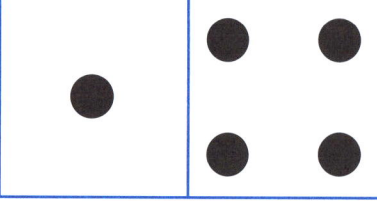 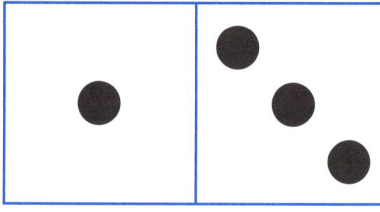

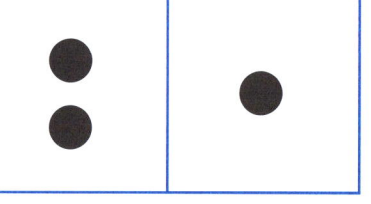 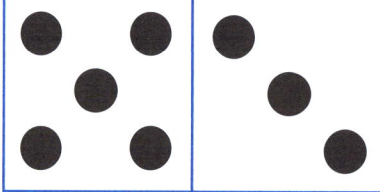 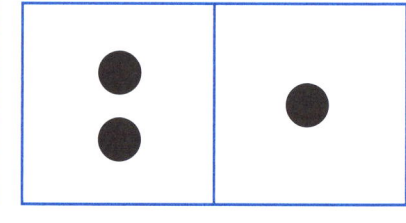

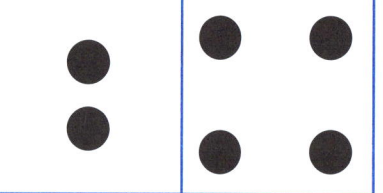  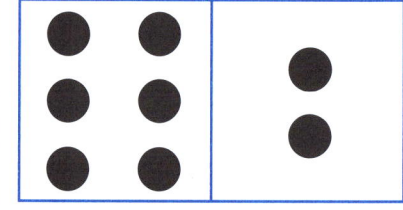

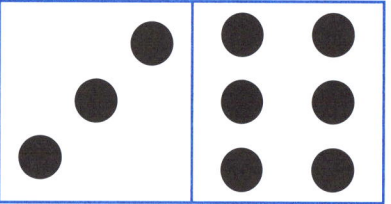 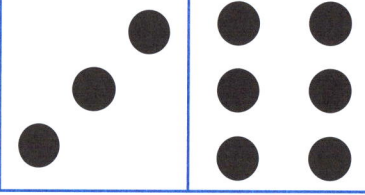 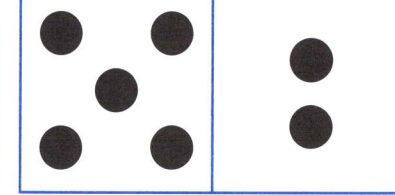

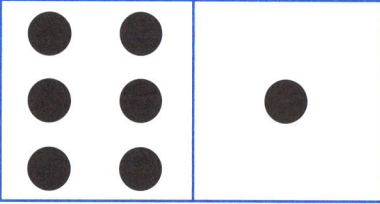 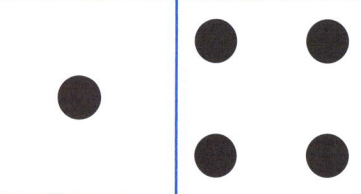 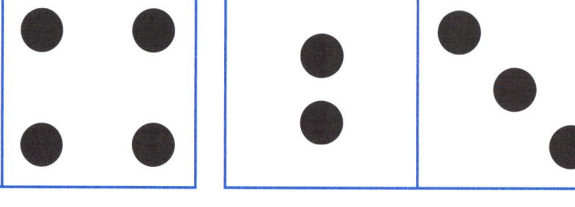

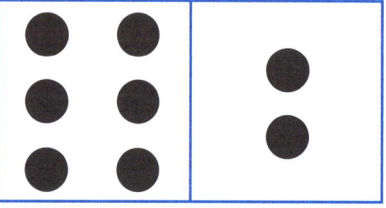  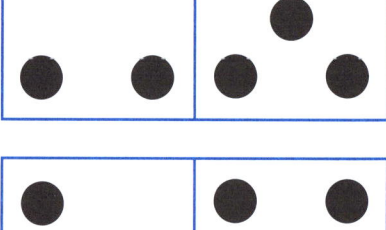

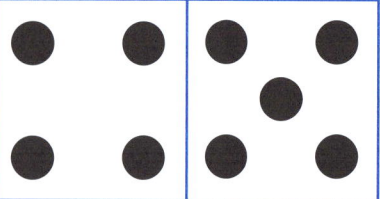 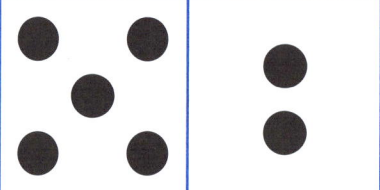 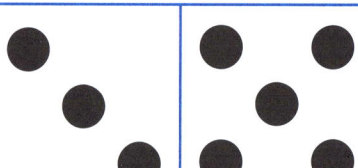

LERNSITUATION: WARENERKENNUNG

Exotische Früchte:

Gemüse/Salate

① _____
② _____
③ _____
④ _____
⑤ _____
⑥ _____
⑦ _____
⑧ _____
⑨ _____

LERNSITUATION: WARENERKENNUNG

Warenerkennung

Besondere Gemüse

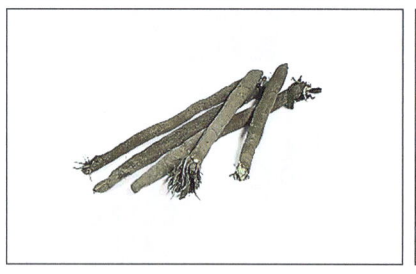

Pilze

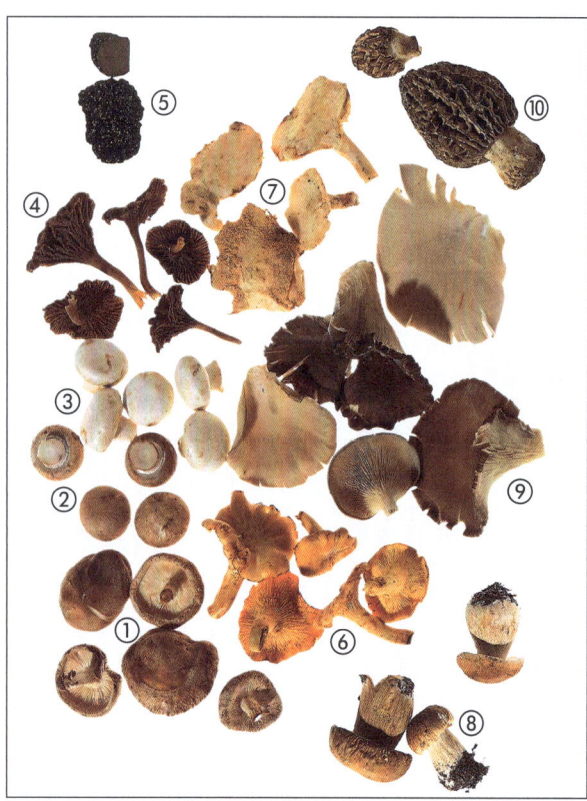

① _____
②/③ _____
④ _____
⑤ _____
⑥ _____
⑦ _____
⑧ _____
⑨ _____
⑩ _____

Kräuter

LERNSITUATION: WARENERKENNUNG

Süßwasserfische

Wanderfische

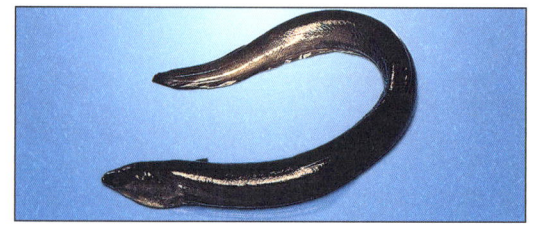

LERNSITUATION: WARENERKENNUNG

Salzwasserfische/Plattfische

LERNSITUATION: WARENERKENNUNG

Warenerkennung

Salzwasserfische/Rundfische

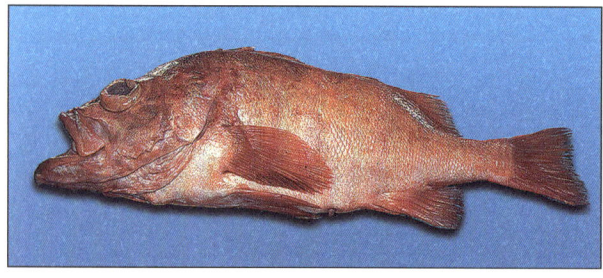

LERNSITUATION: WARENERKENNUNG

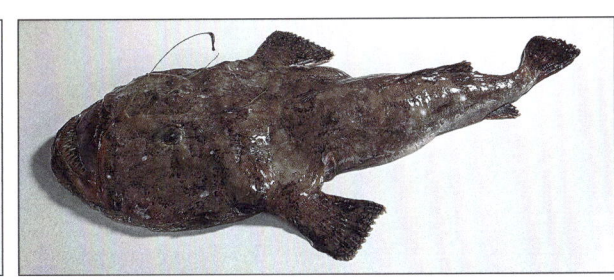

Krustentiere/Krebse

Schalentiere/Muscheln:

LERNSITUATION: WARENERKENNUNG

Lammfleisch

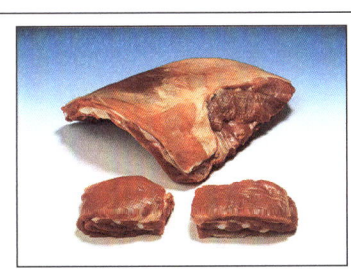
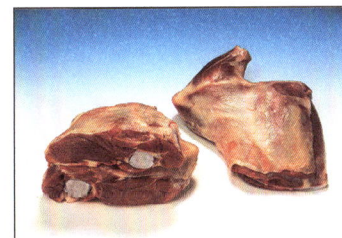
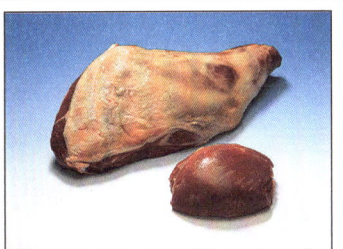

LERNSITUATION: WARENERKENNUNG

Warenerkennung

Rindfleisch

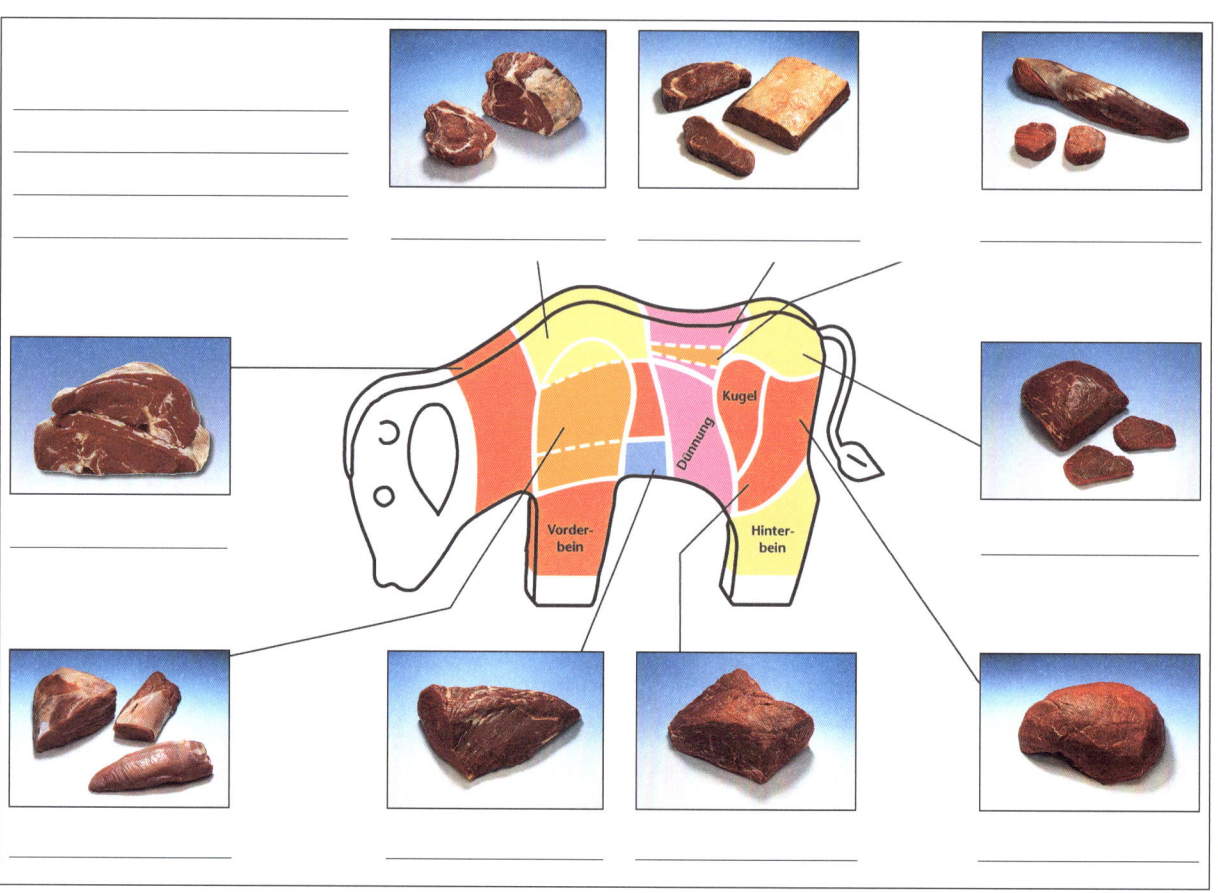

Schweinefleisch

LERNSITUATION: WARENERKENNUNG

Kalbfleisch

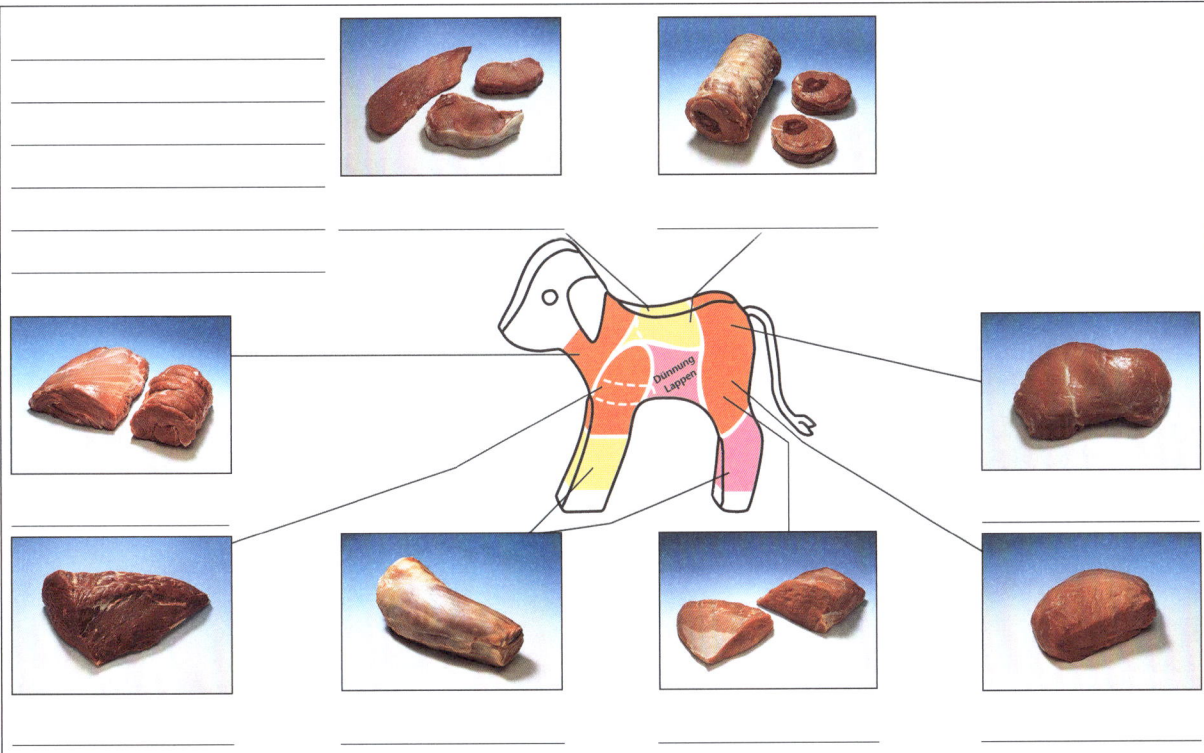

Geflügel

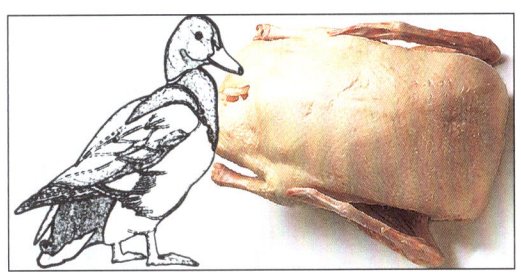

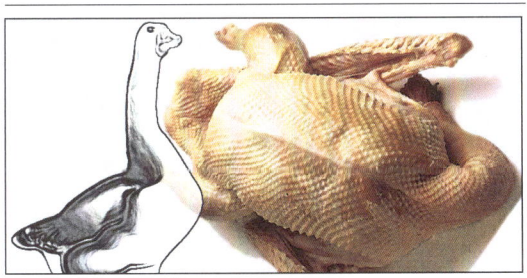

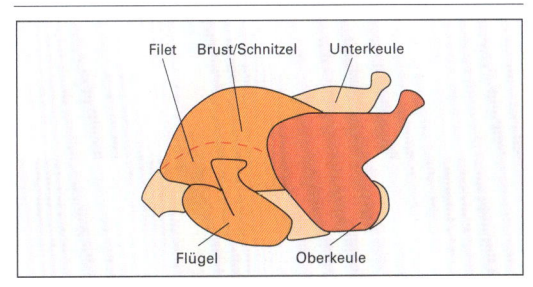

LERNSITUATION: WARENERKENNUNG

Wild

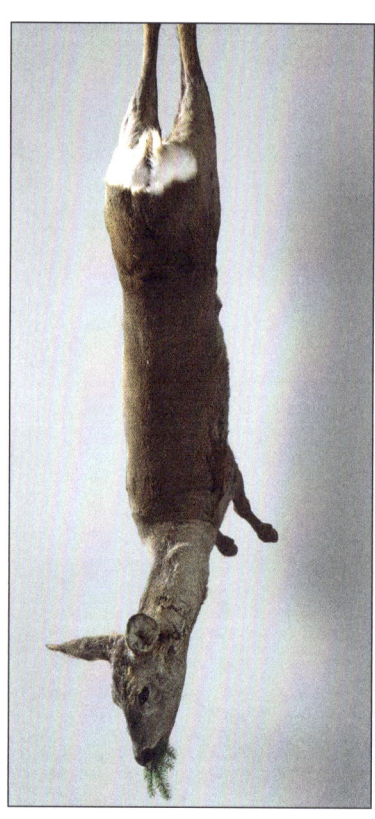
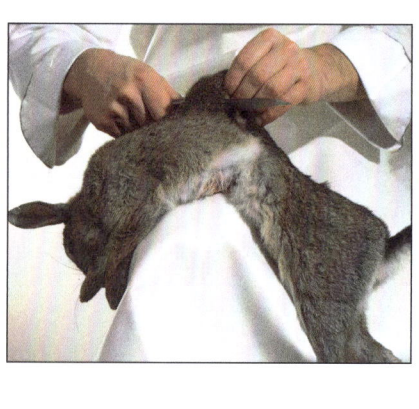

Wildgeflügel

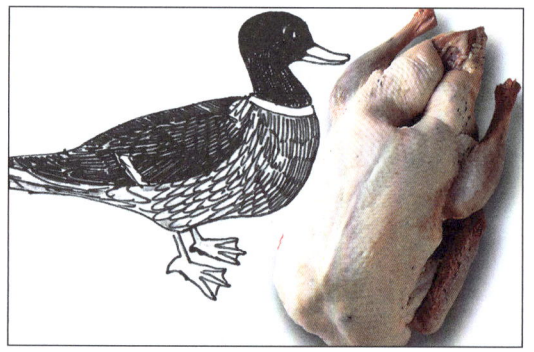

LERNSITUATION: WARENERKENNUNG

Spezialitäten aus Fleisch/Fisch/Gemüse

z.B. von Räucherfischen, Gemüse etc.   von Fleisch, Wild etc.

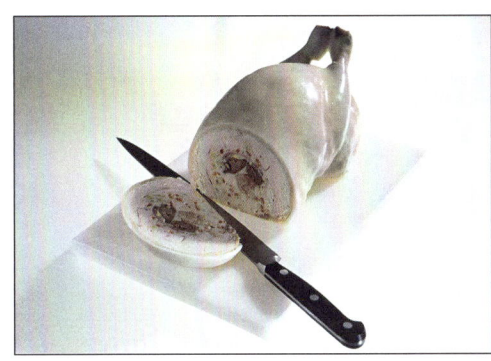

z.B. von Fisch, Fleisch etc.   nur Geflügel

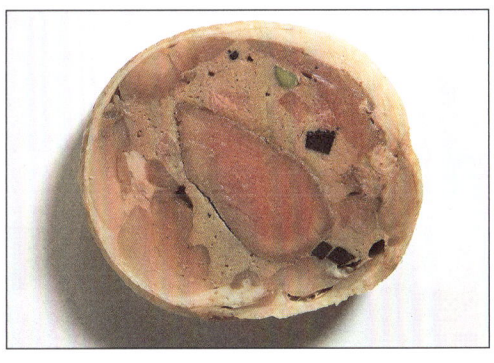

nur Geflügel   Aspik mit Einlage aller Art

LERNSITUATION: WARENERKENNUNG

Warenerkennung

Hartkäse

| Schweiz | Frankreich | Frankreich |

| Italien (Schaf) | Italien | England |

Schnittkäse

| Niederlande | Niederlande | Niederlande |

halbfeste Schnittkäse

| Dänemark | Frankreich | Frankreich |

| Frankreich | Frankreich – Rotschimmel – Frankreich |

LERNSITUATION: WARENERKENNUNG

Österreich (rot)　　　　　Frankreich (rot)　　　　　Dänemark (blau)

Deutschland (blau)　　　　Frankreich – Blauschimmel – Frankreich

Weichkäse

– keine geschützte Bezeichnung!　　　　　　　　　Frankreich

Sauermilchkäse

Ziegenmilchkäse

LERNSITUATION: WARENERKENNUNG

Warenerkennung

Frischkäse

① _____
② _____
③ _____
④ _____
⑤ _____
⑥ _____
⑦ _____
⑧ _____
⑨ _____
⑩ _____
⑪ _____
⑫ _____
⑬ _____
⑭ _____
⑮ _____
⑯ _____
⑰ _____

LERNSITUATION: GESTALTEN DER NEUEN SPEISEKARTE FÜR DAS RESTAURANT
Kalkulation von Kartenpreisen, Materialkosten und Gewinn

Aufgabe 1a:

Nun muss die neue Karte auch mit Preisen versehen werden. Der Küchenchef stellt Hans und Luise die Einkaufspreise zur Verfügung, damit sie korrekt die Preise berechnen können. Hans hat in der Schule schon einmal Kalkulation gelernt und versucht Luise die Berechnungen zu erklären. Sie beginnen mit einem Dessert:

I. Für ein Schokoladendessert (Rezept für 24 Personen) werden benötigt:

1480 g	Kuvertüre	je 2,5 kg	17,88 €
1,5 kg	Sahne	je 200 g	0,20 €
12 cl	Weinbrand	je 0,75 l	6,98 €
920 g	Zucker	je 25 kg	14,67 €
32 Stk.	Eier	je Stk.	0,14 €
Garnitur & Kleinstzutaten		gesamt	2,54 €

Berechnen Sie:
a) den Preis pro Person.
b) den kalkulatorischen Inklusivpreis bei 185% Gemeinkosten, 24% Risiko und Gewinn, 12% Bedienungsgeld und der gesetzlichen Mehrwertsteuer.
c) den Bruttoaufschlag in € und %.
Tragen Sie zu Ihrer Berechnung die Kalkulation in das vorgegebene Schema ein.

a)

b) Materialkosten	100 %			
+ Gemeinkosten	185 %			
= Selbstkosten		100 %		
+ Risiko & Gewinn		24 %		
= Geschäftspreis			100 %	
+ Bedienungsgeld			12 %	
= Nettoverkaufspreis				100 %
+ MwSt.				19 %
= kalkulatorischer Inklusivpreis				

c)

LERNSITUATION: GESTALTEN DER NEUEN SPEISEKARTE FÜR DAS RESTAURANT
Kalkulation von Kartenpreisen, Materialkosten und Gewinn

II. Für eine Forelle Müllerin mit Beilagen entstehen Materialkosten von 5,60 €.
   a) Berechnen Sie den Inklusivpreis bei 180% Gemeinkosten, 22% Gewinn und 19% Umsatzsteuer.
   b) Berechnen Sie den Bruttoaufschlag in € und %.

III. Luise möchte von der alten Speisekarte das Rumpsteak mit Ofenkartoffel und Salat beibehalten. Es ist auf der Karte mit 22,50 € verzeichnet. Luise muss nun überprüfen, ob der Materialpreis noch stimmig ist. Berechnen Sie die Materialkosten des Gerichtes bei 160% Gemeinkosten, 20% Gewinn, 14% Bedienungsgeld und der gesetzlichen Mehrwertsteuer.

IV. Hans bespricht mit dem Küchenchef, dass es jeweils ein „Angebot des Tages" geben soll. Dieses soll zu einem Festpreis angeboten werden, der 16,00 € nicht übersteigt. Hans schlägt Poulardenbrust Florentiner Art mit Schnittlauchrahm und buntem Reis vor. Die Materialkosten hierfür belaufen sich auf 4,26 €. Kalkuliert wird mit 175% Gemeinkosten, 14% Bedienungsgeld und 19% Umsatzsteuer. Berechnen Sie den Gewinn in € und %, damit Hans weiß, ob das Gericht für das Angebot geeignet ist.

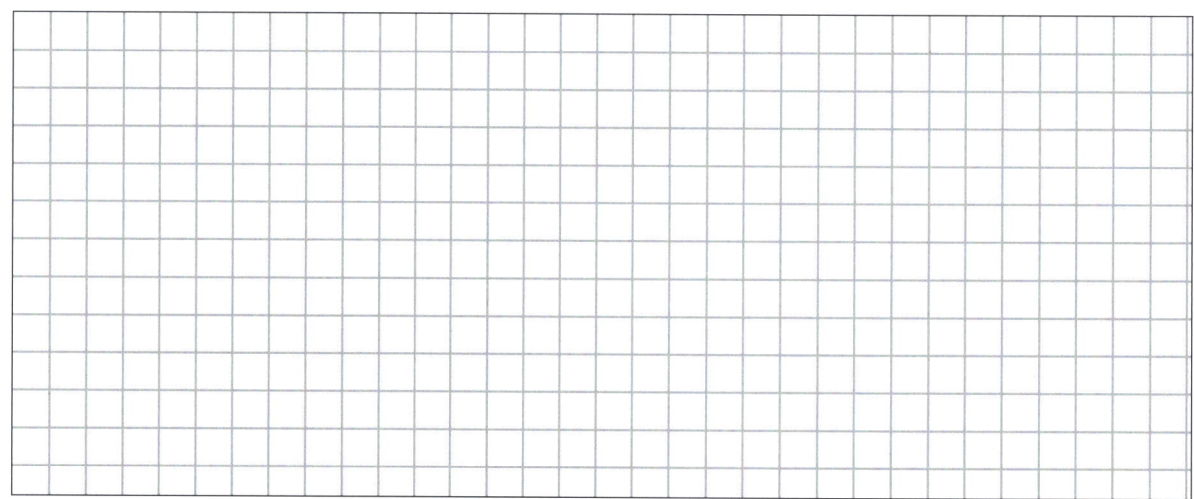

LERNSITUATION: GESTALTEN DER NEUEN SPEISEKARTE FÜR DAS RESTAURANT
Kalkulation von Kartenpreisen, Materialkosten und Gewinn

Aufgabe 1b:

Hans und Luise berechnen weitere Preise für ihre neue Speisekarte:

I. Für Dessertpfannkuchen (Rezept für 32 Personen) werden folgende Zutaten benötigt:

540 g	Mehl	je 25 kg	19,88 €	0,43 €
1/4 Liter	Milch	je 5 Literkanne	3,65 €	0,18 €
8 Stk.	Eier	je Stk.	0,14 €	1,12 €
1200 g	Zucker	je 25 kg	28,30 €	1,36 €
1,4 Liter	Orangensaft	je 2,5 Liter	3,89 €	2,18 €
12 cl	Grand Marnier	je 0,75 Liter	14,56 €	2,33 €
2 Stk.	Zitronen	je 5 Stk.	4,77 €	1,91 €
22 cl	Weinbrand	je 0,75 Liter	9,65 €	2,83 €

Berechnen Sie

a) den Preis pro Person.
b) den kalkulatorischen Inklusivpreis (pro Portion) bei 145% Gemeinkosten, 20% Risiko und Gewinn, 14% Bedienungsgeld und der gesetzlichen Umsatzsteuer.
c) Berechnen Sie den Bruttoaufschlag (pro Portion) in € und %.

II. Für eine Tagung mit 20 Teilnehmern gibt der Veranstalter vor, dass das Mittagessen pro Person nicht mehr als 2.400,00 € gesamt kosten darf. Hiervon sollen 1/3 für die Getränke und der Rest für Speisen zur Verfügung stehen. Der Küchenchef hat den Materialeinsatz des gewählten Menüs pro Person mit 17,22 € berechnet. Berechnen Sie den Gewinn in € und % bei 175% Gemeinkosten, 15% Bedienungsgeld und der gesetzlichen Mehrwertsteuer.

LERNSITUATION: GESTALTEN DER NEUEN SPEISEKARTE FÜR DAS RESTAURANT
Moderne Speisenfolge

Aufgabe 2a:

Hans und Luise haben nun alle „Basics" zur Erstellung ihrer neuen Speisekarte gesammelt. Hans hält seine Aufgabe für beendet und legt Luise ein Muster seiner kleinen Sonderkarte für eine Gesellschaft mit 24 Personen, die à la carte speisen möchten, vor. Luise ist entsetzt!

Salat von weißem und grünem Spargel in Himbeer-Walnuss-Dressing	6,50 €	1 Pfund Spargel mit gebratenen Kalbsmedaillons, Drillinge, Hollandaise oder Butter	22,50 €
Panna cotta auf Rhabarber-Erdbeer-Kompott	4,80 €	Piccata milanese mit Tomatensauce, Spagetti und Spinat	19,80 €
Gedünstete Seezungenschleifen auf Kardinalsauce, neue Kartoffeln, Zuckerschoten	14,50 €	Badische Kalbsvöglein auf Austernpilzrahm, Spätzle, Vichykarotten	23,00 €
Karottenschaumsuppe mit Kerbel	3,00 €	Mousse au chocolat karamellisierte Mangoscheiben	6,50 €
Gratiniertes Ragout von Jakobsmuscheln mit Safran, Fleuron	12,50 €	Wolfsbarsch gefüllt mit Fenchel, Pernodbutter, neue Kartoffeln	8,50 €
Ravioli mit Kürbisfüllung in Zitronenthymianrahm	5,80 €	Auswahl franz. Rohmilchkäse, Brot und Butter	8,50 €
Kraftbrühe „Célestine"	3,00 €	„Vitello tonnato"	7,20 €
Variation von geräuchertem Lachs und Heilbutt, Brot und Butter, Meerrettichsahne	8,20 €	Züricher Geschnetzeltes, Spätzle, frisches Gemüse vom Markt	21,50 €
		Rote Grütze mit Vanillesauce	4,00 €

Aufgabe 2b:

Luise möchte, dass Hans im Fachbuch die richtige Reihenfolge der Speisen heraussucht, dem auch die Speisekarte in ihrer Reihenfolge der Nennungen folgen soll. Helfen Sie ihm!

Moderne Speisenfolge:

1. _____
2. _____
3. _____
4. _____
5. _____
6. _____
7. _____

LERNSITUATION: GESTALTEN DER NEUEN SPEISEKARTE FÜR DAS RESTAURANT
Regeln der Speisekartengestaltung

Aufgabe 2c:

Hans denkt, dass er mit dem Sortieren seiner Speisen bereits fertig ist, doch Luise stoppt ihn: Da gibt es noch mehr Regeln für die Gestaltung von Speisekarten, die beachtet werden müssen!

Welche kennen Sie bzw. welche finden Sie in Ihrem Fachbuch?

Niemals	bedingt möglich	falsch in Hans' Karte
—	Bezeichnungen in der Fachsprache bzw. ausländische Namen	Vitello tonnato → Beschreiben für den Gast – keine Übersetzung möglich Mousse au chocolat → Übersetzen: Schokoladenmousse

LERNSITUATION: GESTALTEN DER NEUEN SPEISEKARTE FÜR DAS RESTAURANT
Übung zur korrekten Erstellung von Speisekarten

Aufgabe 2d:

Übertragen Sie Hans' Kartenentwurf korrigiert in die folgende Vorgabe. Geben Sie sie Ihrem Sitznachbarn danach zur Kontrolle!

kalte Vorspeisen:

Suppen:

warme Vorspeisen:

Fischgerichte:

Hauptgerichte:

Käsegericht:

Dessert:

alle Preise inklusive MwSt. und Bedienungsgeld
* mit Konservierungsstoff Ascorbinsäure

LERNSITUATION: GESTALTEN DER NEUEN SPEISEKARTE FÜR DAS RESTAURANT
Multiple Choice – Aufgaben zur Speisenkunde

Aufgabe 3:
Kontrollieren Sie Ihr Wissen!

1. Ordnen Sie die folgenden Suppeneinlagen ihren französischen Fachbezeichnungen zu:

   ① Klößchen   a) Juliennes
   ② Gemüserauten   b) Profiteroles
   ③ Pfannkuchenstreifen c) Mille fanti
   ④ Eierstich   d) Quenelles
   ⑤ Windbeutelchen   e) Brunoise
   ⑥ Gemüsewürfelchen   f) Célestine
   ⑦ Eieinlauf   g) Royale
   ⑧ Gemüsestreifen   h) Paysanne

   8 Punkte

2. Welche der folgenden Steaks werden aus oder mit dem Rinderfilet geschnitten?

   ① Rumpsteak
   ② Châteaubriand
   ③ T-Bone-Steak
   ④ Club-Steak
   ⑤ Entrecôte
   ⑥ Tournedo

   6 Punkte

3. Ordnen Sie die folgenden Zubereitungen den Schlachttieren zu, aus denen sie klassisch hergestellt werden:

   ① Kalb   a) Osso Buco
   ② Schwein   b) Züricher Geschnetzeltes
   ③ Rind   c) Tafelspitz
   ④ Lamm/Hammel   d) Szegediner Gulasch
                   e) Irish Stew
                   f) Burgunderbraten
                   g) Roulade
                   h) Saltimbocca à la romana
                   i) Prager Schinken
                   j) Piccata milanese

   10 Punkte

4. Welche der folgenden Gemüse können Sie besonders schmackhaft und günstig anbieten?

   a) im Sommer   b) im Winter

   ① Zucchini   ⑤ Steckrüben
   ② Trüffel   ⑥ Rote Bete
   ③ Erbsen   ⑦ Auberginen
   ④ Wirsing   ⑧ Feldsalat

5. Die Materialkosten für einen sommerlichen Salatteller mit Dressing betragen 2,43 €. Berechnen Sie den Kartenpreis bei 190% Gemeinkosten, 32% Gewinn, 13% Bedienungsgeld und 19% Umsatzsteuer.

   ☐☐,☐☐ €   5 Punkte

6. Luise möchte sich die Kalkulation der weiteren Gerichte erleichtern und mit dem Bruttoaufschlag arbeiten.
   a) Berechnen Sie den Bruttoaufschlag aus Aufgabe 5 in %   ☐☐☐ %
   b) Kalkulieren Sie damit ein Dessert mit dem Wareneinsatz von 2,26 €   ☐☐,☐☐ €   8 Punkte

LERNSITUATION: GESTALTEN DER NEUEN SPEISEKARTE FÜR DAS RESTAURANT
Multiple Choice – Aufgaben zur Speisenkunde

7. Ordnen Sie die folgenden Fische der richtigen Aussage zu:

① Süßwasser
② Plattfisch
③ weder noch

a) Seezunge
b) Wolfsbarsch
c) Zander
d) Kabeljau
e) Steinbutt
f) Wels
g) Forelle
h) Dorade

8 Punkte

8. Sie sollen eine Lieferung Geflügel annehmen: Welche der folgenden Tiere sind keine Wildgeflügel?

① Kapaun
② Fasan
③ Taube
④ Rebhuhn
⑤ Krickente
⑥ Stubenküken
⑦ Poularde
⑧ Flugente

6 Punkte

9. Luise soll einen Gast beraten, der eine fettarme Diät halten möchte. Welche der folgenden Garverfahren finden Verwendung bei den nebenstehenden Kartoffelzubereitungen?

① frittiert
② gebraten
③ im Ofen gebacken

a) Pommes Berny
b) Pommes Macaire
c) Pommes Dauphines
d) Pommes allumettes
e) Pommes Duchesse

5 Punkte

10. Ordnen Sie den folgenden Käsesorten die richtige Festigkeit und das Herkunftsland zu:

Festigkeit   Herkunft

① Weichkäse
② halbfester Schnittkäse
③ Schnittkäse
④ Hartkäse

England = GB
Frankreich = F
Deutschland = D
Dänemark = DK
Italien = I

a) Brie
b) Havarti
c) Gorgonzola
d) Limburger
e) Parmesan
f) Stilton
g) Comté
h) Bel Paese
i) Chester
j) Roquefort

20 Punkte

11. Auf welches der folgenden Desserts trifft welche Zutatenliste zu?

① Savarin
② Eisparfait
③ Bayrische Crème
④ Grießflammerie
⑤ Kaiserschmarrn

a) Milch, Sahne, Aroma, Gelatine, Eier
b) Mehl, Eier, Fett, Hefe, Milch
c) Mehl, Eier, Milch, Rosinen
d) Milch, Eier, Aroma, Grieß
e) Eier, Aroma, Sahne

5 Punkte

Σ 81 Punkte   ① = 81–75   ② = 74–66   ③ = 65–54   ④ = 53–41   ⑤ = 40–24   ⑥ = 23–0

LERNSITUATION: ZUSAMMENSTELLUNG VON MENÜVORSCHLÄGEN MIT WEINEMPFEHLUNGEN

Menükunde, Menüregeln

Situation

Im Restaurant „Paris" finden häufig kleinere Veranstaltungen statt, bei denen auf Wunsch der Gäste festliche Menüs mit den dazu passenden Getränken serviert werden. Um diesen Gästewünschen zu entsprechen soll eine spezielle Sammlung geeigneter Menüs rund ums Jahr erstellt werden, die den Gästen eine Vorstellung der Möglichkeiten bietet und die Beratung durch den Service erleichtert. Die Restaurantleiterin bittet die Auszubildende Amanda Vorschläge zu erarbeiten. Sie soll dabei mit Luise und Hans zusammenarbeiten, die sich bei der Speisekartenerstellung bereits mit den fachlichen Grundlagen beschäftigt haben.

Aufgabe 1a:

Amanda bittet Hans und Luise darum ihr kurz die Regeln für die Menüerstellung zu erläutern. Erstellen Sie eine geeignete Kontrollliste (vgl. hier auch Aufgabe 11 ff. in der LS Erstellen einer neuen Speisekarte für das Restaurant). Ergänzen Sie sie um menüspezifische Regeln.

Regel	Beispiel
Nie Wiederholung von Grundrohstoffen	Niemals Wiederholung von Fleisch-, Wild- oder Geflügelarten; Fischen; Gemüsesorten, Pilzen; auch nie: Wiederholung von Teigen (z.B. Blätterteig, Spätzle oder Crêpes)

Aufgabe 1b:

Hans weist Amanda zusätzlich darauf hin, dass in jedem Gang jede Komponente in einer bestimmten Reihenfolge genannt wird. Vervollständigen Sie bei einer maximalen Anzahl von Komponenten:

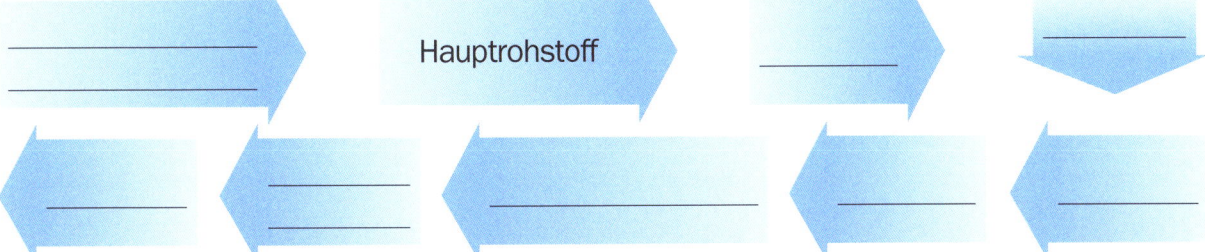

58 LERNSITUATION: ZUSAMMENSTELLUNG VON MENÜVORSCHLÄGEN MIT WEINEMPFEHLUNGEN
Fehlersuche im Menü

Aufgabe 2:

Suchen Sie im folgenden Menü mindestens 10 Fehler! (Nummerieren und separat erläutern!)

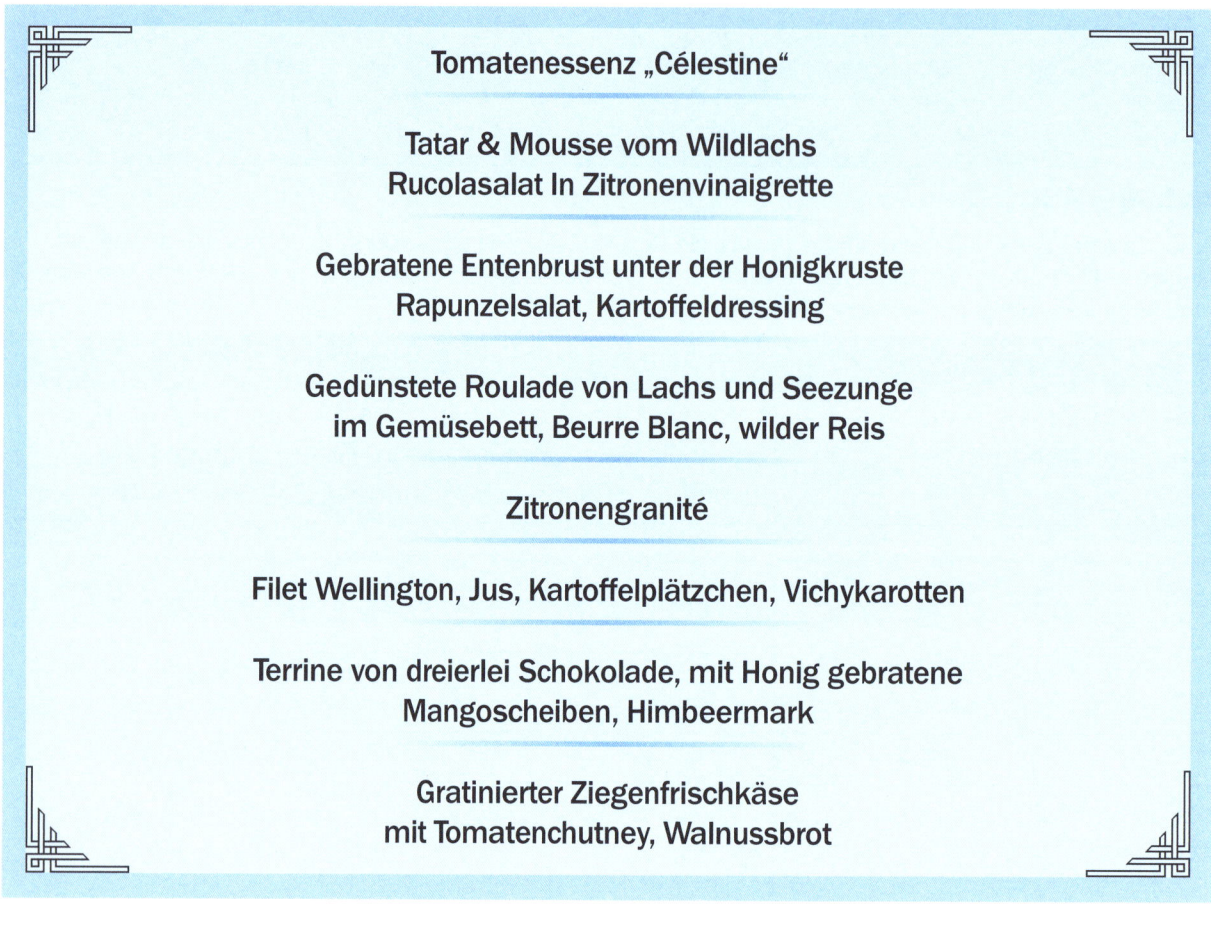

Tomatenessenz „Célestine"

Tatar & Mousse vom Wildlachs
Rucolasalat In Zitronenvinaigrette

Gebratene Entenbrust unter der Honigkruste
Rapunzelsalat, Kartoffeldressing

Gedünstete Roulade von Lachs und Seezunge
im Gemüsebett, Beurre Blanc, wilder Reis

Zitronengranité

Filet Wellington, Jus, Kartoffelplätzchen, Vichykarotten

Terrine von dreierlei Schokolade, mit Honig gebratene
Mangoscheiben, Himbeermark

Gratinierter Ziegenfrischkäse
mit Tomatenchutney, Walnussbrot

① keine „Gänsefüße"; Erläuterung fehlt
②
③
④
⑤
⑥
⑦
⑧
⑨
⑩
⑪
⑫
⑬

LERNSITUATION: ZUSAMMENSTELLUNG VON MENÜVORSCHLÄGEN MIT WEINEMPFEHLUNGEN
Regeln für die Wein-/Apéritifempfehlung

Aufgabe 3:

Für Weinempfehlungen gelten in der Menükunde bestimmte Regeln, die eingehalten werden sollten! Formulieren Sie in Stichworten

___

Aufgabe 4a:

Schreiben Sie für das folgende Menü eine Menükarte (Faltkarte) unter Beachtung der fachlichen Richtlinien!

Winzersekt, halbtrocken, Weingut Höbel/Gerl, 2002er, Morio Muskat

Geräucherter Wildlachs, Toast und Butter, Sahnemeerrettich

Auswahl von französischem Weichkäse

2004er, Qualitätswein, Staatsweingut Trier, trocken, Riesling

Klare Kalbsschwanzsuppe mit Trüffelnocken

2002er, Dornfelder, Nieder Flörsheimer Steig, Weingut Höbel/Gerl, trocken, Kabinett

Hummerschaum, Seezungen-Spinatröllchen, roter Reis

Williamsbirne mit Walnüssen

Sautierte Hirschfiletspitzen, Spätzle, Apfeljus mit Calvados, Broccoli

Aufgabe 4b:

Empfehlen Sie einem Veranstalter geeignete Apéritifs zu diesem festlichen Menü. Gehen Sie dabei von einem Stehempfang vor dem Veranstaltungsraum mit ca. 80 Personen aus.

LERNSITUATION: ZUSAMMENSTELLUNG VON MENÜVORSCHLÄGEN MIT WEINEMPFEHLUNGEN

Menüentwürfe nach Saison

Aufgabe 5a:

Schreiben Sie jeweils 3 Menüs für jede Saison (Frühling, Sommer, Herbst, Winter). Das erste Menü sollte ein 3-gängiges Menü sein, das auch für Geschäftsessen (leicht verdaulich) geeignet ist. Das zweite Menü sollte 4 Gänge und das dritte Menü 5 Gänge umfassen (Eisgetränk/Sorbet zählt dabei nicht als Gang!). Beachten Sie die Menüregeln!

Frühling:

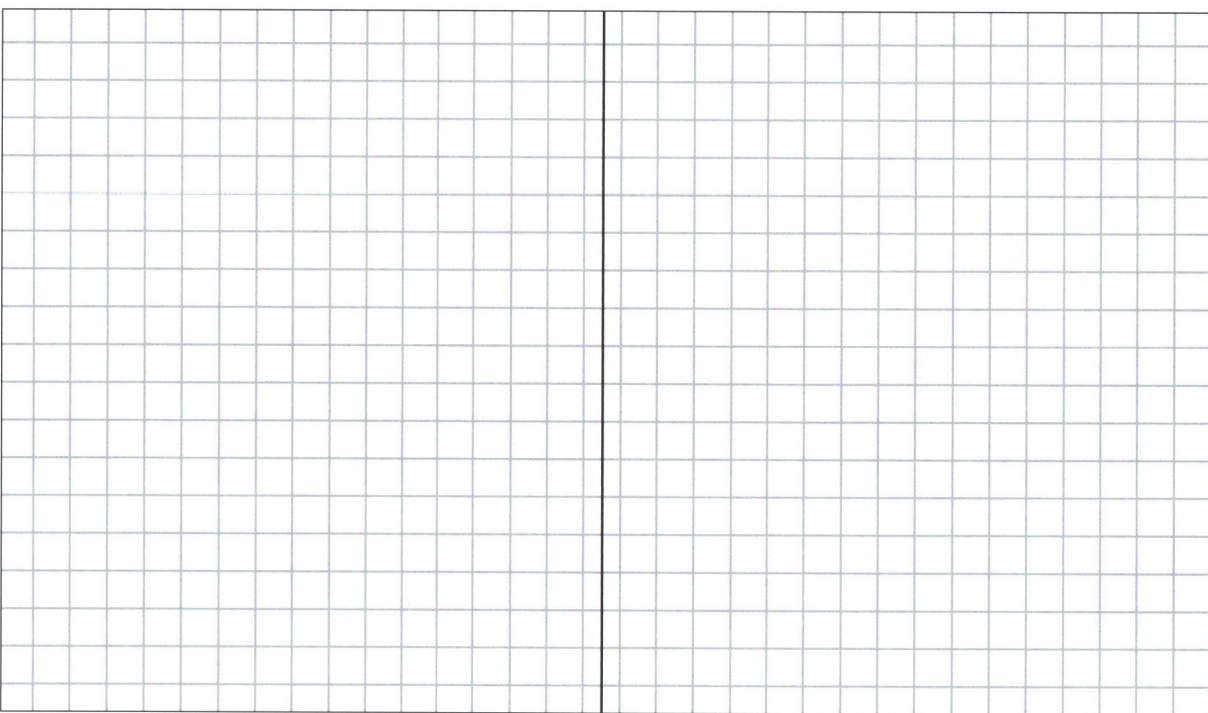

Sommer:

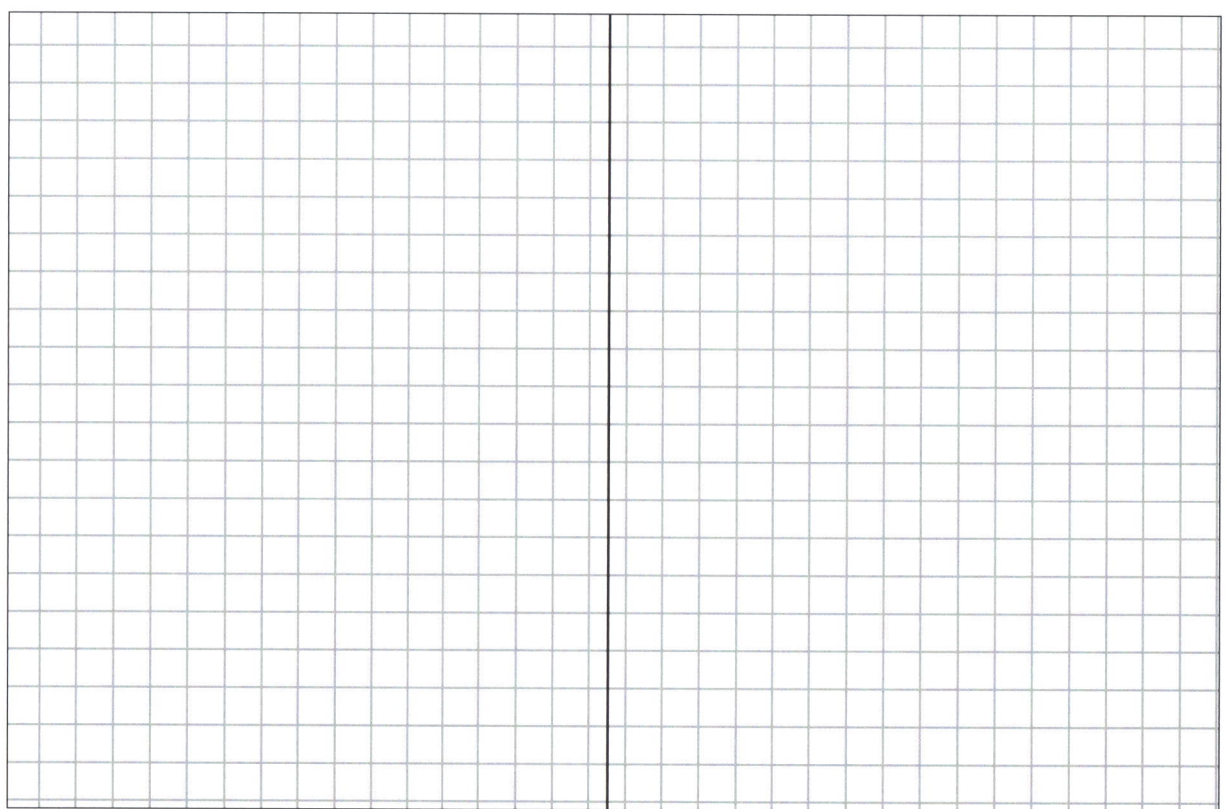

LERNSITUATION: ZUSAMMENSTELLUNG VON MENÜVORSCHLÄGEN MIT WEINEMPFEHLUNGEN
Menüentwürfe nach Saison; Weinempfehlungen

Herbst:

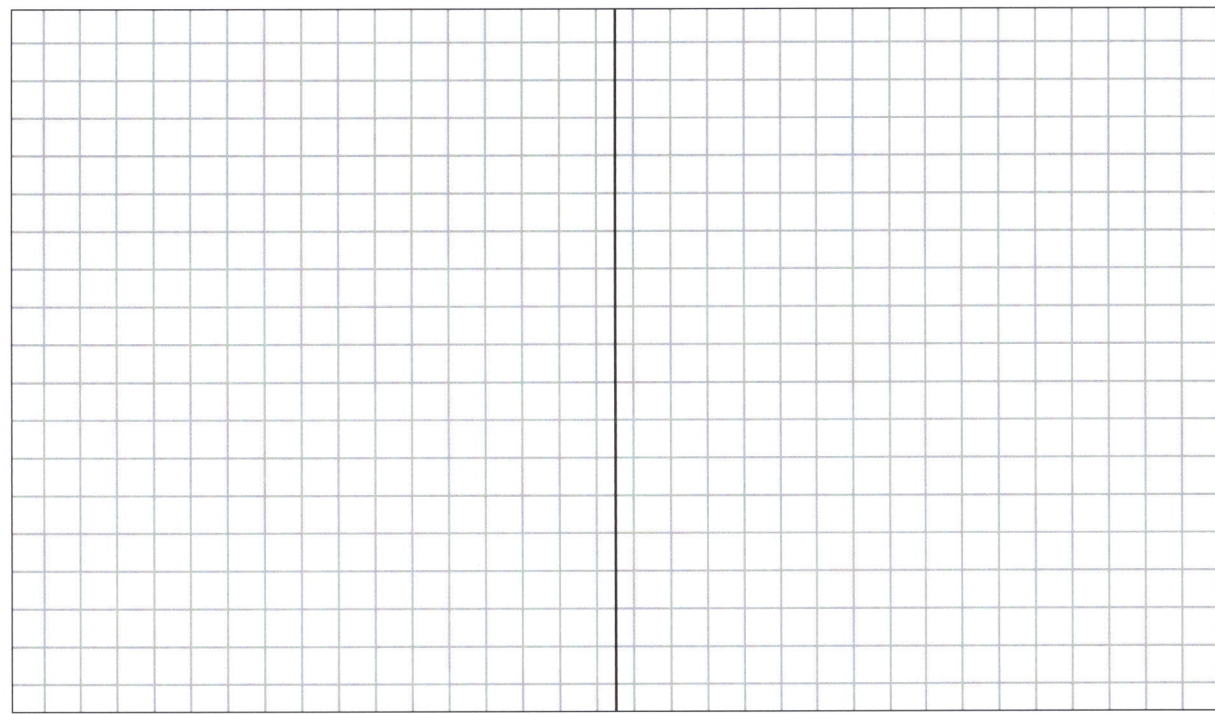

Winter:

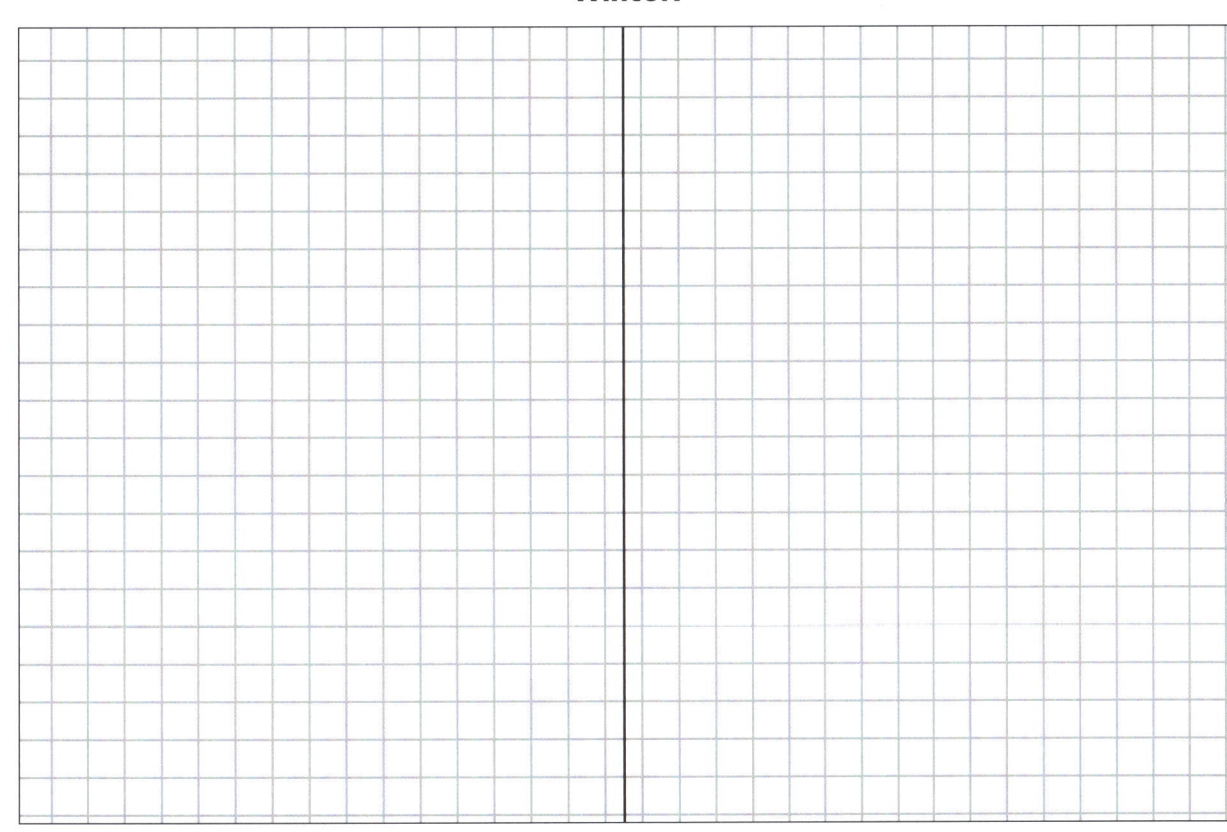

Aufgabe 5b:

Ergänzen Sie zu Ihren Menüvorschlägen geeignete Weine, die Gästen passend empfohlen werden können. Diese sollten mindestens den Jahrgang, die Rebsorte, die Qualitätsstufe und das Anbaugebiet umfassen!

LERNSITUATION: PLANUNG UND DURCHFÜHRUNG EINER VERKAUFSSCHULUNG
Thema: Bedürfnisse nach Maslow

Situation

Nachdem sich alle Auszubildenden intensiv mit der Erstellung und Gestaltung des neuen Speisen- und Getränkeangebots befasst haben, fordern sie von der Geschäftsleitung eine adäquate Schulung zum Thema Verkauf ein. Der Hoteldirektor ist aber von den Ergebnissen der bisherigen Arbeit so begeistert, dass er die Auszubildenden bittet, sich doch auch mit diesem Thema so zu beschäftigen, dass sie selbst eine Schulung für die Mitarbeiter durchführen können. Fachinformationen werden zur Verfügung gestellt (Fachbuch/Arbeitsheft/erfahrene Kollegen).

Peter und Amanda haben in der Schule bereits einiges zum Thema Verkauf gehört und beginnen die Vorbereitungen mit ihren Unterlagen:

Die Grundlagen des Wirtschaftens

Ursache des Wirtschaftens sind die Wünsche des Menschen nach Gütern, ihre Bedürfnisse. Der Mensch hat Bedürfnisse. Sie sind unbegrenzt, unterschiedlich, wandelbar, von verschiedenen Bedingungen abhängig und im Einzelnen mehr oder minder dringlich.

Nach der Dringlichkeit der Bedürfnisse unterscheidet man in

- Grund- oder Existenzbedürfnisse (Originäre Bedürfnisse). Ihre Befriedigung ist notwendig zur Erhaltung des Lebens.
- Kultur- und Luxusbedürfnisse (Sekundäre Bedürfnisse): Ihre Befriedigung erhöht den Lebensstandard und das Lebensgefühl.
- Bedarf ist im wirtschaftlichen Sinne nur der Teil der Bedürfnisse, den der Mensch mit der ihm zur Verfügung stehenden Kaufkraft (Geldmitteln) befriedigen will und kann.

Die Pyramide der Bedürfnisse des Sozialpsychologen Abraham Maslow

Aufgabe 1:

Ordnen Sie zu und ergänzen Sie ggf. mit einem passenden Beispiel: (Nutzen Sie die Hilfestellungen aus Ihrem Fachbuch)

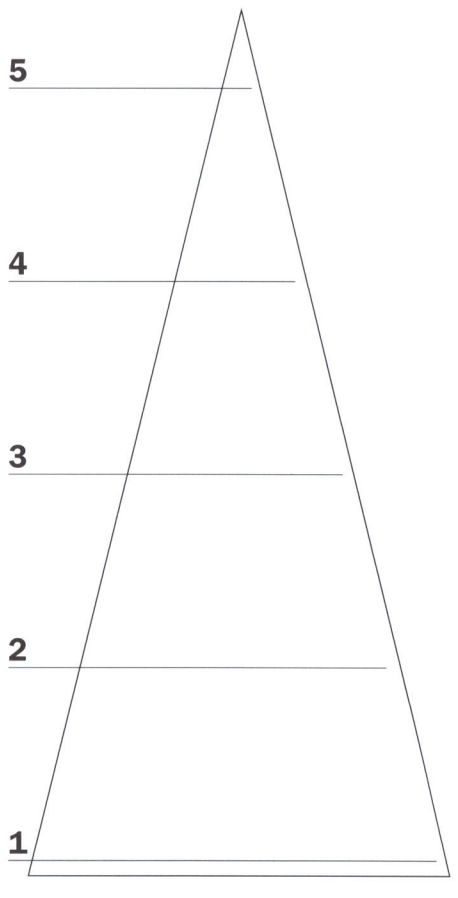

Nr.	Aussage:
	Kreativitätsbedürfnisse: Wunsch nach Selbstverwirklichung: Wenn der Mensch sich alle materiellen Wünsche erfüllt hat, wünscht er sich so zu leben, wie er mag. (Aussteigen und Leben ohne Zwänge)
	Sicherheitsbedürfnisse: Schutz vor materiellen und psychischen Verlusten (Schutz von Eigentum und Besitz, Abwendung von Gefahren)
	Differenzierungsbedürfnisse: Ichbezogene Bedürfnisse, sozialer Status, Anerkennung, Erfolg, Wertschätzung, Selbstvertrauen, Abgrenzung zu anderen, Aufstiegsmöglichkeiten
	Grundbedürfnisse: physiologische Bedürfnisse (primäre = die ersten oder originäre = ursprüngliche Bedürfnisse) Hunger, Durst, Kleidung, Wohnung
	Soziale Bedürfnisse: Beziehungen, Freundschaft, Liebe, soziale Anerkennung

LERNSITUATION: PLANUNG UND DURCHFÜHRUNG EINER VERKAUFSSCHULUNG
Thema: Kaufmotive

Gästewünsche unterliegen einem Wandel. In dem Zeitalter, in dem wir leben, findet ein sehr schneller Wertewandel statt. Traditionelle Werte geraten ins Wanken, zuverlässige Prognosen für die zukünftige Entwicklung der Gästewünsche sind kaum zu erstellen. Die Erweiterung des Lebensraums der Menschen von der Dorfgemeinschaft zur globalen Gesellschaft lässt es kaum zu, die Bedürfnisse der Menschen auch nur mittelfristig vorauszusehen. Die Gästebedürfnisse unterliegen einem sehr starken Wandel.

> Gästebedürfnisse zu erkennen und zu erfüllen ist Ihre zentrale Aufgabe. Diese Bedürfnisse müssen Sie immer wieder erneut hinterfragen und Sie können nur erfolgreich sein, wenn Sie die Bedürfnisse Ihrer Gäste fortlaufend erforschen und die gesammelten Informationen umsetzen.

Aus diesen Bedürfnissen entwickeln sich bei den Menschen verschiedene Kaufmotive. Dabei muss berücksichtigt werden, dass Käufer nach verschiedenen Kriterien (Alter, Geschlecht, Ausbildung usw.) unterscheiden, sich zu verschiedenen Zeitpunkten unterschiedlich entwickeln und verschiedene Rollen innehaben (Direktor, Ehefrau, Mutter, Tennisspieler usw.)

Aufgabe 2:

Benennen Sie verschiedene Kaufmotive anhand des Fallbeispiels: Kauf eines Pkws!

1. Die Familie mit 2 kleinen Kindern entscheidet über die Anschaffung eines Pkw's

2. Der Firmenchef entscheidet über seinen neuen Firmenwagen

3. Der Malermeister benötigt ein Firmenfahrzeug zum Transport der Arbeitsmaterialien

4. Ein 18-jähriger Fahranfänger entscheidet sich für ein altes gebrauchtes Fahrzeug

5. Der Bundesligaprofi fährt nur eine bestimmte Fahrzeugmarke

6. Der Spediteur entscheidet über die Anschaffung eines Lkws

64 LERNSITUATION: PLANUNG UND DURCHFÜHRUNG EINER VERKAUFSSCHULUNG
Thema: Treffen von Entscheidungen

Wünsche, eine Ware oder ein Gut zu erwerben, sind beim Kunden von verschiedenen Faktoren abhängig. Schon ein altes Sprichwort sagt: „Erst denken dann handeln." Bei den Kaufmotiven wird unterschieden in die genau überlegten Entscheidungen und die sogenannten Bauchentscheidungen.

Aufgabe 3:
Finden Sie Beispiele aus Ihrem Leben und aus Ihren Erfahrungen mit dem Umgang mit dem Gast!

	Sorgfältig überlegt und geplant	Aus dem Gefühl heraus entschieden
persönlich	• Kauf eines Autos	• Kauf einer neuen, interessanten Zeitschrift
Gäste	• Bestellung eines Hauptgerichtes aus der Speisekarte nach entsprechender Auswahlzeit	• Bestellung eines Aperitifs nach schmackhafter Empfehlung

LERNSITUATION: PLANUNG UND DURCHFÜHRUNG EINER VERKAUFSSCHULUNG
Thema: Nonverbale Kommunikation

Situation

Nachdem sich alle Auszubildenden intensiv mit der Erstellung und Gestaltung des neuen Speisen- und Getränkeangebots befasst haben, fordern sie von der Geschäftsleitung eine adäquate Schulung zum Thema Verkauf ein. Der Hoteldirektor ist aber von den Ergebnissen der bisherigen Arbeit so begeistert, dass er die Auszubildenden bittet, sich doch auch mit diesem Thema so zu beschäftigen, dass sie selbst eine Schulung für die Mitarbeiter durchführen können. Fachinformationen werden zur Verfügung gestellt (Fachbuch/Arbeitsheft).

Peter und Amanda haben in der Schule bereits einiges zum Thema Verkauf gehört und beginnen die Vorbereitungen mit ihren Unterlagen:

Grundlagen der Kommunikation

Die nonverbale Kommunikation

Der erste Eindruck von einem Menschen führt bei vielen sofort zu einer endgültigen Meinung. Diese Meinung wird später nur selten korrigiert. Dieser erste Eindruck entsteht aufgrund der Körpersprache des Menschen. Die Körpersprache ist die grundlegende Sprache des Menschen – nicht das Sprechen!

Bevor der Mensch das erste Wort gesprochen hat, wirken viele Eindrücke auf den Betrachter ein. Wie verhält sich der Unbekannte? Wie sind seine Bewegungen? Unser Körper zeigt, wie wir uns fühlen, er zeigt Freude und Leid, Gefühle und Wünsche. Wer auf die Körpersprache der Menschen achtet, kann von einem Menschen viel erfahren.

1. Mimik – die „Sprache" des Gesichts

Ein Lächeln wirkt Wunder …
… nicht nur für andere, sondern auch für uns selbst. Wer viel lacht, hat eine positive Ausstrahlung. Dadurch reagiert seine Umgebung positiv – die Chance auf ein erfolgreiches und glückliches Leben.

Das echte Lächeln
Beim echten Lächeln beobachtet man oft hochgezogene Wangen, Fältchen rund um die Augen und ein Absenken der Augenbrauen.

Das falsche, vorgetäuschte Lächeln
Ein falsches Lächeln bricht oft abrupt ab, verschwindet in einzelnen Stufen schnell von unserem Gesicht. Die Mundwinkel verziehen sich nach unten. Ein falsches Lächeln wird vom Gegenüber schnell erkannt, man wird in Zukunft eher gemieden.

Der Mund
Ein Schmollmund soll dem Gegenüber ein schlechtes Gewissen verursachen, der Gesprächspartner soll nachgeben – man will seinen eigenen Willen durchsetzen.
Ein angehobener Mundwinkel bei sonst unbeweglichem Mund drückt Arroganz, Zynismus oder Überheblichkeit aus.

Aufgabe 4a:

Beobachten Sie die Gesichter der folgenden Gäste, beschreiben Sie die Wirkung der Bilder auf Sie. Wie reagieren Sie?

Gast	Wirkung	Meine Reaktion
(lächelndes Gesicht)	freundlich herzliche Grüße angenehm	offene Reaktion gute Laune
(trauriges Gesicht)		

66 LERNSITUATION: PLANUNG UND DURCHFÜHRUNG EINER VERKAUFSSCHULUNG
Thema: Nonverbale Kommunikation

Gast	Wirkung	Meine Reaktion

LERNSITUATION: PLANUNG UND DURCHFÜHRUNG EINER VERKAUFSSCHULUNG

Thema: Nonverbale Kommunikation – Gestik

2. Gestik – die „Sprache" von Händen, Füßen und Körperhaltung

Die Handhaltung

Wichtig ist die **Höhe der Hände**: Oberhalb der Taille = positiv, in Höhe der Taille = neutral, unterhalb der Taille = negativ.

Ebenso wichtig ist die **Sichtbarkeit der Hände**: In den Taschen oder hinter dem Rücken versteckte Hände = negativ, sichtbare Hände = positiv, vor allem wenn sie nach **oben hin geöffnet** sind.

Hände in Taillenhöhe **zum Gesprächspartner geöffnet** bedeuten: Bleib weg von mir!

Die Hand-Halsgesten

Viele Gesten der Hand rund um den Hals gelten als negativ. Sie signalisieren, dass man dem Gesprächspartner gegenüber skeptisch eingestellt ist. Man stellt das Gegenüber infrage, im schlimmsten Fall signalisiert man, dass man ihm nicht glaubt.

Andere negative Gesten

Sogenannte **schließende Gesten** wie z. B. Arme kreuzen bedeutet Mauerbildung und wird ablehnend empfunden.

Entschuldigungsgesten wie z. B. Schulterzucken wirken hilflos oder sogar unterwürfig.

Aufgabe 4b:

Beobachten Sie die Körperhaltung der folgenden Gäste, beschreiben Sie die Wirkung der Bilder auf Sie. Wie reagieren Sie?

Gast	Wirkung	Meine Reaktion

68 LERNSITUATION: PLANUNG UND DURCHFÜHRUNG EINER VERKAUFSSCHULUNG
Thema: Nonverbale Kommunikation – Gestik

Gast	Wirkung	Meine Reaktion

Aufgabe 4c:

Erstellen Sie eine Bilderfolge mit verschiedener Mimik und Gestik. Verteilen Sie die Karten an verschiedene Schüler und lassen Sie die einzelnen Gesichter nachstellen. Die Schülerinnen und Schüler der Klasse sollen beschreiben, welche Wirkung und welche Reaktionen das bei ihnen hervorruft.

Alternative: Das Bild auf die Stirn oder den Rücken eines Kollegen kleben und die Anderen die verschiedenen Situationen nachstellen lassen. Der „Beklebte" muss das Gesuchte erraten und/oder entsprechend reagieren.

LERNSITUATION: PLANUNG UND DURCHFÜHRUNG EINER VERKAUFSSCHULUNG
Thema: Anforderungen an Servicemitarbeiter

Aufgabe 5a:

Amanda ist der Ansicht, dass an Verkaufspersonal besonders im Hotel oder Restaurant besondere Anforderungen gestellt werden. Erstellen Sie eine Checkliste mit Eigenschaften und Fähigkeiten, die Sie bei Ihren Mitarbeitern voraussetzen würden:

Aussehen/Kleidung

1	
2	
3	
4	
5	
6	

Körperhaltung/Körpersprache

1	
2	
3	
4	
5	
6	

Ausstrahlung/Aussprache

1	
2	
3	
4	
5	
6	

Berufliche Qualifikation

1	
2	
3	
4	
5	
6	

Aufgabe 5b:

Erstellen Sie ein Mitarbeiter-ABC, das neben einer Kleiderordnung auch angemessene Umgangsformen und Verhaltensvorschriften sowie Erwartungen an die beruflichen Qualifikationen (z. B. Nennen von No-Nos) erfasst.

LERNSITUATION: PLANUNG UND DURCHFÜHRUNG EINER VERKAUFSSCHULUNG

Thema: Übliche Gästetypen

Aufgabe 6:

Um sich die Arbeit etwas zu erleichtern haben Peter und Luise einige ihrer Erfahrungen in die Unterlagen eingetragen. Finden Sie Lösungen für die fehlenden Eintragungen:

Die Alltagstypen

Gästetypen	Eigenschaften	Fachgerechter Umgang
Der erregbare Gast	• Eilig • Vergesslich • Überreizt • In der Sprechweise überhastet • Regt sich schnell auf	
Der entschlossene Gast		• Flott bedienen • Fragen schnell beantworten • evt. seine Bestellung loben • überflüssige Floskeln vermeiden • durch eigene gute Produktkenntnisse erarbeitet man sich die Anerkennung des Gastes
Der schweigsame Gast	• Er redet nur ungern • Ist schwer zu durchschauen • Lässt wenig Zustimmung erkennen • Legt wenig Wert auf persönliches Gespräch	
Der misstrauische Gast		• Eine differenzierte fachliche Beratung • Hinweis auf Ernährungswert • Begründungen geben können • Frechheiten überhören • Beweisen Sie was Sie sagen • Mit Referenzen arbeiten
Der anspruchsvolle Gast	• Eine Nervensäge • Nichts ist gut genug • Geld spielt keine Rolle • Hohe Meinung von sich und seinem Wissen	
Der gesprächige Gast		• Ausreden lassen • Zuhören können • Keine eigenen Meinungen zum Besten geben • Gespräch durch geschlossene Fragen steuern (Ja/Nein)
Der schlecht gelaunte Gast	• Ist einer der schwierigsten Typen • Wird oft flegelhaft oder beleidigend • Lässt seine Launen am Verkäufer aus • Leicht cholerisch und aufbrausend	

LERNSITUATION: PLANUNG UND DURCHFÜHRUNG EINER VERKAUFSSCHULUNG
Thema: Traditionelle Gästetypen

Die traditionellen Gästetypen im Überblick

Im Laufe der gastronomischen Geschichte haben sich die Bedürfnisse der Menschen stark gewandelt. Daher sollte die versierte Servicefachkraft sich auch den veränderten Gegebenheiten gut anpassen können.

Die Gästetypen der Neuzeit

Gästetyp	Eigenschaften	Behandlungstipp
Der Genießer (Gourmet)	• Versteht viel von Speisen und Getränken • Hält viel von Tischkultur und Tischsitten • Ist offen für außergewöhnliche Empfehlungen • Probierfreudig	
Der Tagungsgast		• Freundliche, zuvorkommende Betreuung • Sehr gute Allroundbetreuung • Dem Gast das Wohlfühlgefühl vermitteln
Der gesundheitsbewusste Gast, der ökologisch orientierte Gast	• Legt Wert auf gesundes Essen • Achtet besonders auf seine Gesundheit • Ist gut informiert über Inhaltsstoffe der LM • Erfragt Unbekanntes	
Eltern mit Kinder		• Freundlich • Kindgerecht eingerichtet sein • Kinderkarte bereithalten • Kinderbelustigung • Geduldig zuhören • Auf Kinderwünsche eingehen

Der ältere Gast

Gästetyp	Eigenschaften	Behandlungstipp
Der ältere Gast zwischen 50 und 60 Jahren		• Freundliche, offene Beratung • Neues zum Probieren anbieten • Den Genussfaktor berücksichtigen • Genussartikel empfehlen
Der ältere Gast zwischen 60 und 65 Jahren	• Hält viel von Tischkultur • Genießt das Leben • Achtet auf Preis-Leistungsverhältnis • oft kleine Krankheiten • körperliche Bewegung wird langsamer	
Der ältere Gast ab 65 Jahren		• Kleine Gefälligkeiten erleichtern den Service • Mit Rücksicht und Geduld handeln • Seniorenportionen anbieten • Zuhören und die Wünsche erfragen

LERNSITUATION: PLANUNG UND DURCHFÜHRUNG EINER VERKAUFSSCHULUNG

Thema: Anrede von Gästen mit Titeln

Die Begrüßung der Gäste/Die Anrede

Aufgabe 7a:

Amanda findet in den Unterlagen des Restaurants die Gästeliste einer Gala mit besonderen Gästen. Wie sind folgende Namen, die mit ihren Titeln eingetragen sind, anzusprechen?

Titel	Namen	Anrede
Bundeskanzlerin	Dietrich	
Bundeskanzler	Müller	
Bundespräsident	Hohenlohe	
Freiherr	von Werter	
Graf/Gräfin	von Schloss Habichtswald	
Dr.	Werner	
Professor	Albrecht	
Professor, Doktor	Albrecht	
Abt	Benedikt	
Ordenspriester	Schlüter	
Richter	Engelhart	
Oberstleutnant	Nussbaum	
General	Wendler	

> **Merke:**
> Soldaten werden im Regelfall mit ihren Namen und ohne Dienstgrad angesprochen, da ein Zivilist sich nicht mit den Dienstgraden auskennen muss.

Aufgabe 7b:

Begründen Sie, warum Sabine die Gäste möglichst mit deren Namen begrüßen sollte.

1.
2.
3.

LERNSITUATION: PLANUNG UND DURCHFÜHRUNG EINER VERKAUFSSCHULUNG
Thema: Begrüßung von Gästen im Restaurant

Aufgabe 7c:
Ordnen Sie die Arbeitsschritte nach ihrer Wichtigkeit und finden Sie die dazu passenden Erläuterungen.

Nr.	Reihenfolge/Arbeitsschritte	Zu beachten/ Erläuterung A–G
	Reden Sie den Gast mit seinem Namen und Titel an, wenn bekannt.	
	Grüßen Sie als Erster, höflich und der Tageszeit entsprechend.	
	Begleiten Sie Ihre Gäste zum Tisch, bieten Sie, wenn möglich, 2 Sitzplatzalternativen an.	
	Rücken Sie den Gästen den Stuhl ab, helfen Sie beim Platznehmen.	
	Nehmen Sie mit dem Gast Blickkontakt auf, wenn der das Lokal betritt.	
	Gehen Sie dem eintretenden Gast entgegen, nehmen Sie mit einer positiven Geste die Garderobe ab.	
	Achten Sie auf die richtige Aussprache von Namen und Titeln. Geben Sie dem Gast zu erkennen, dass er willkommen ist.	

	Zu beachten/Erläuterung
A	Ansehen, anlächeln, signalisieren Sie: Ich bin sofort bei Ihnen.
B	Blickkontakt halten, klar und deutlich sprechen.
C	Mit einer positiven Körperhaltung entgegengehen, die Hände nach oben nehmen, um die Garderobe abzunehmen.
D	Steigerung des gegenseitigen Respekts
E	Offene Körperhaltung: Handinnenflächen zeigen nach oben, keine gespielte und übertriebene Freundlichkeit.
F	Reservierte Tische werden gezeigt und gefragt, ob diese den Gästen recht sind. Bei Gästen, die nicht reserviert haben, sollten zwei Tische zur Auswahl angeboten werden. Klare deutliche Aussprache.
G	Ein kleines Zeichen der Höflichkeit, damit die Gäste besser Platz nehmen können (häufig mit sehr großer Wirkung).

LERNSITUATION: PLANUNG UND DURCHFÜHRUNG EINER VERKAUFSSCHULUNG
Thema: Besondere Situationen bei der Begrüßung

Aufgabe 7d:

Lesen Sie folgende Situationen genau durch, erkennen Sie das Prinzip oder machen Sie einen Vorschlag für die Reaktion der Servicefachkräfte.

Situation 1: Das Restaurant ist voll besetzt.

Prinzip	Reaktion
	Die Bedienung erläutert dem Gast die Situation. Sie bittet den Gast um etwas Geduld und führt den Gast zur Bar. Dort überreicht sie dem Gast die Speisekarte und lädt den Gast zu einem Aperitif ein.

Situation 2: Der Tisch passt dem Gast nicht.

Prinzip	Reaktion
Der Gast soll zufriedengestellt werden, also macht die Bedienung einen sinnvollen Alternativvorschlag.	

Situation 3: Der Gast muss zu anderen Gästen gesetzt werden, da das Restaurant voll besetzt ist.

Prinzip	Reaktion
Wenn möglich soll der Gast bleiben – evtl. kann ein Platz gefunden werden.	

Situation 4: Die Gäste wollen nicht zusammengesetzt werden.

Prinzip	Reaktion
	Im Moment kann ich leider nichts für Sie tun, wenn Sie sich einen Moment gedulden, richte ich den nächsten freien Tisch für Sie her. In der Zwischenzeit Bar/Karte.

Situation 5: Ein Gast hat einen Tisch reserviert, dieser wurde aber vergessen.

Prinzip	Reaktion
Entschuldigen Sie sich sofort und rufen Sie ihren Oberkellner oder Chef.	

Situation 6: Der Gast hatte reserviert, kommt aber eine halbe Stunde zu spät.

Prinzip	Reaktion
	Es tut mir sehr leid, unsere Hausregel sieht vor, dass wir 15 Minuten über die Zeit reservieren. Oft kommen die Gäste gar nicht – wenn Sie einen Moment warten, der nächste freie Tisch ist selbstverständlich für Sie.

Situation 7: Der Tisch ist noch frei (19.00 Uhr), aber ab 20.00 Uhr reserviert.

Prinzip	Reaktion
Ein Tisch ist für 20.00 Uhr reserviert, ein anderer Gast möchte um 19.00 Uhr daran Platz nehmen.	

LERNSITUATION: PLANUNG UND DURCHFÜHRUNG EINER VERKAUFSSCHULUNG
Thema: Fragetypen im Verkaufsgespräch

Verkaufen heißt …

nicht nur dem Kunden etwas zu beschaffen, was er ohnehin kaufen muss oder kaufen möchte,

sondern auch, den Kunden zu einer Verkaufsentscheidung zu veranlassen, die er ohne die emotionale Ansprache nicht getätigt hätte.

Situation

Oberkellner Müller erläutert: Im Verkaufsgespräch ist es von sehr großer Bedeutung verschiedene Fragetechniken zu kennen. Die wichtigste Regel lautet: **Wer fragt, der führt!** Mit Einsatz der verschiedenen Fragetechniken lässt sich ein Verkaufsgespräch sehr positiv für Gast und Gastgeber gestalten. Aber Vorsicht: Wichtig ist, dass der Gast sich beraten und nicht überredet fühlt.

Aufgabe 8a:

Ordnen Sie die folgenden Erklärungen den verschiedenen Fragetypen zu und bearbeiten Sie die Aufgabenfelder.

Erklärung 1: Mit der Fragestellung „unterstellt" der Verkäufer dem Kunden, dass er ja wohl dasselbe empfinde oder möge. Die Floskeln „sicherlich", „doch wohl", „doch nicht" sollen eine Gemeinsamkeit zwischen Verkäufer und Besteller dokumentieren.

Erklärung 2: Diese Art der Fragetechnik eignet sich um ein Verkaufsgespräch sinnvoll zu strukturieren und den Gast zu leiten, ohne dass dieser sich bevormundet oder geführt vorkommt. Diese Fragen sollten immer 2 Wahlmöglichkeiten beinhalten. Beachten Sie: Zu viele Auswahlmöglichkeiten können irritieren.

Erklärung 3: Diese Fragen werden durch die Frageworte wann, wie, warum, womit usw. eingeleitet. Die Gäste sollen ihre Wünsche mitteilen. Diese Fragetechnik lässt kein einfaches Ja oder Nein zu. Die Antworten sind dabei völlig frei, es wird noch keine Richtung vorgegeben.

Erklärung 4: Eine Frage, auf die man nur mit Ja oder Nein antworten kann.

Offene Frage	
Bilden Sie 2 Beispiele für offene Fragen	
Nennen Sie Vor- und Nachteile der Fragetechnik	

LERNSITUATION: PLANUNG UND DURCHFÜHRUNG EINER VERKAUFSSCHULUNG
Thema: Fragetypen im Verkaufsgespräch

Alternativfrage	
Bilden Sie 2 Beispiele für alternative Fragen	
Nennen Sie Vor- und Nachteile der Fragetechnik	
Suggestivfrage	
Bilden Sie 2 Beispiele für Suggestivfragen	
Nennen Sie Vor- und Nachteile der Fragetechnik	

LERNSITUATION: PLANUNG UND DURCHFÜHRUNG EINER VERKAUFSSCHULUNG
Thema: Fragetypen im Verkaufsgespräch

Die folgenden Fragetechniken sollte man nur sehr vorsichtig einsetzen:

Geschlossene Fragen	
Bilden Sie 2 Beispiele für geschlossene Fragen	
Nennen Sie Vor- und Nachteile der Fragetechnik	

Aufgabe 8b:

Informieren Sie sich z.B. in Ihrem Fachbuch über die folgenden Fragearten und bearbeiten Sie die Aufgabenfelder (Beispiele sowie Vor- und Nachteile nennen).

Kontrollfragen	Erklärung:
Bilden Sie 2 Beispiele	
Vor- und Nachteile	

Richtungsweisende Fragen	Erklärung:
Bilden Sie 2 Beispiele	
Vor- und Nachteile	

LERNSITUATION: PLANUNG UND DURCHFÜHRUNG EINER VERKAUFSSCHULUNG

Thema: Fragetypen im Verkaufsgespräch

Rhetorische Fragen	Erklärung:
Bilden Sie 2 Beispiele	
Vor- und Nachteile	

Übereinstimmungsfragen	Erklärung:
Bilden Sie 2 Beispiele	
Vor- und Nachteile	

Gegenfragen	Erklärung:
Bilden Sie 2 Beispiele	
Vor- und Nachteile	

Motivierungsfragen	Erklärung:
Bilden Sie 2 Beispiele	
Vor- und Nachteile	

LERNSITUATION: PLANUNG UND DURCHFÜHRUNG EINER VERKAUFSSCHULUNG
Thema: Fragetypen im Verkaufsgespräch

Aufgabe 8c:

Lesen Sie folgende Geschichte und schreiben Sie die Fragetypen in die freien Felder:

Familie Müller betritt das Restaurant und wird vom Oberkellner begrüßt: „Guten Abend, die Herrschaften, hatten Sie einen Tisch bestellt? (_____).

Herr Müller nickt dem Oberkellner zu und antwortet: „Ja, einen Tisch für 4 Personen auf den Namen Müller." „Herr Müller, da habe ich zwei besonders schöne für Sie freigehalten, möchten Sie lieber am Fenster sitzen oder am warmen Kamin?" (_____)

Nach kurzer Beratung entscheidet sich Familie Müller für den Tisch am Kamin. Der Oberkellner überreicht mit einem strahlenden Lächeln die Speisekarten und fragt: „Bei dem schönen Wetter mögen Sie doch bestimmt einen erfrischenden Aperitif? (_____) Mögen Sie lieber einen Campari Orange oder ein Glas Sekt?" (_____)

Nachdem der Aperitif serviert worden ist, kommt der Oberkellner zum Tisch und fragt: „Was möchten Sie essen?" (_____)

„Ach," erwidert Frau Müller, „ich weiß noch nicht so recht." „Da kann ich Ihnen bestimmt helfen", antwortet der Oberkellner hilfsbereit, „worauf haben Sie denn Appetit, auf Fleisch oder auf Fisch?" (_____) „Mögen Sie heute Abend lieber etwas Deftiges oder etwas Leichtes?" (_____) „Abends bevorzuge ich immer etwas Leichtes", äußert sich die Dame. „Ja, dann empfehle ich Ihnen unseren pochierten Steinbutt, der ist sehr leicht, das mögen Sie doch ganz bestimmt?" (_____). „Ja gerne, das hört sich ja sehr gut an, was empfehlen Sie als Getränk?" „Zum Fisch trinken Sie doch sicherlich einen schönen erfrischenden Weißwein? (_____). Der passt am Besten."

Schluss 1:

Nachdem das Verkaufsgespräch für alle Gäste am Tisch beendet und das Dessert abserviert wurde, geht Azubi Dieter hoch motiviert an den Tisch und fragt: „Darf ich Ihnen noch einen Kaffee anbieten?" Die Gäste sagen Nein und verlangen nach der Rechnung. Dieter verlässt traurig den Tisch und fragt sich, was er hätte besser machen können.

Aufgabe 8d:

Erstellen Sie in einem Rollenspiel einen möglichen Schluss 2.

Spielen Sie die Situation durch! Erweitern Sie das Verkaufsgespräch nach der Weinempfehlung

Erweiterungsmöglichkeiten:
- Was empfehlen Sie Herrn Müller?
- Was sollen die Kinder essen?
- Welches Dessert bieten Sie an?
- Wie verkaufen Sie erfolgreich Kaffeespezialitäten?
- Wie machen Sie eine Digestifauswahl interessant?
- Filmen Sie das Verkaufsgespräch!
- Erstellen Sie eine Analyse und Bewerten Sie das Verkaufsgespräch!

LERNSITUATION: PLANUNG UND DURCHFÜHRUNG EINER VERKAUFSSCHULUNG

Thema: Beratungsregeln

Die Beratung: Was bedeutet Beratung?

Situation

Oberkellner Müller erklärt: Beratung hilft dem Gast bei seiner Entscheidungsfindung. Die Beratung soll unaufdringlich und einfühlsam sein. Den richtigen Zeitpunkt für eine Beratung sollte der aufmerksame Servicemitarbeiter bei der Beobachtung seiner Gäste erkennen und er sollte bei Bedarf sofort zur Verfügung stehen.

Aufgabe 9a:

Die Auszubildende Sabine überlegt, welche Beratungsregeln sie bereits kennt. Notieren Sie in den folgenden Zeilen einige Ihnen bekannte Regeln:

⇒ Beratung hilft Unsicherheit abzubauen

Aufgabe 9b:

Sabine übt mit ihrem Kollegen Maik (Commis) beispielhaft typische Situationen, um Herrn Müller nicht zu enttäuschen. Machen Sie Vorschläge wie Sie reagieren würden und wie Sie das Gespräch in den folgenden Situationen eröffnen würden.

Situation 1: Der Gast hat Platz genommen und fragt: „Was ist bei Ihnen besonders gut?"

Reaktion

Gesprächseröffnung

Situation 2: Der Gast sitzt am Tisch und hat noch keine Karte.

Reaktion

Gesprächseröffnung

LERNSITUATION: PLANUNG UND DURCHFÜHRUNG EINER VERKAUFSSCHULUNG
Thema: Beratungsstrategien

Situation 3: Der Gast schaut schon sehr lange in die Karte und kann sich nicht entscheiden.

Reaktion

___

Gesprächseröffnung

___

Situation 4: Der Gast schaut ungeduldig.

Reaktion

___

Gesprächseröffnung

___

Situation 5: Der Gast hat einen Wunsch geäußert, das gewünschte Gericht ist aus.

Reaktion

___

Gesprächseröffnung

___

LERNSITUATION: PLANUNG UND DURCHFÜHRUNG EINER VERKAUFSSCHULUNG
Thema: Beratungsstrategien

Situation 6: Der Kellner macht eine Empfehlung, der Gast antwortet: „Das muss wohl weg."

Reaktion

Gesprächseröffnung

Situation 7: Der Gast bestellt ein Hauptgericht, dessen Zubereitung länger als 20 Minuten dauert.

Reaktion

Gesprächseröffnung

Situation 8: Der Gast fragt, ob er von der Portion auch satt wird.

Reaktion

Gesprächseröffnung

LERNSITUATION: PLANUNG UND DURCHFÜHRUNG EINER VERKAUFSSCHULUNG
Thema: Verkauf am Telefon

Sehr häufig treten Gäste zuerst über das Telefon mit den Mitarbeitern eines Hotels/Restaurants in Kontakt. Deshalb gehört das Telefon zu den wichtigsten technischen Arbeitsmitteln.

Aufgabe 10a:

Erläutern Sie, welche Auswirkungen ein positiv verlaufenes Telefonat auf die zukünftigen Beziehungen haben kann.

1. _____
2. _____
3. _____
4. _____

Angehende Telefonverkäufer sollten entsprechend geschult sein und regelmäßig trainiert werden. Durch regelmäßige Kontrollanrufe wird die Qualität gesichert und Verbesserungen werden abgeleitet.

Aufgabe 10b:

Finden Sie 4 Vorteile, die ein Telefon bietet, und tragen Sie sie unten ein. Dabei biegen die Worte schon mal „um die Ecke"!

X	S	C	H	I	G	H	K	L	M	A	P	U	T	W	D	E
U	D	F	N	Q	A	L	Z	B	P	L	K	M	N	F	B	C
Y	S	I	E	L	L	S	T	E	Z	I	P	J	D	L	T	W
V	B	K	L	F	M	O	I	Q	R	T	W	J	F	C	E	Y
M	F	H	J	F	D	U	T	U	E	P	P	Ü	D	V	C	M
O	L	L	R	F	G	S	A	N	M	S	T	E	O	P	S	L
T	A	L	M	H	F	K	O	S	T	L	V	D	W	U	Q	A
L	E	J	F	N	M	P	E	O	E	H	F	C	N	L	H	F
E	C	H	E	N	D	J	V	Y	N	O	L	G	Z	R	P	P
L	M	H	T	Q	E	A	E	W	G	U	E	N	S	Z	T	G
F	N	I	A	L	C	G	B	L	O	R	T	G	T	S	V	C
K	G	P	I	R	K	E	N	D	S	T	E	C	I	V	A	Z
I	G	O	R	U	N	L	M	K	H	F	E	Z	G	S	T	E
I	R	E	K	G	M	D	K	P	I	A	V	D	X	L	T	Q

Ein Telefon bietet die

1. _____ 2. _____
3. _____ 4. _____

LERNSITUATION: PLANUNG UND DURCHFÜHRUNG EINER VERKAUFSSCHULUNG

Thema: Verkauf am Telefon

Aufgabe 10c:

Nennen Sie Vor- und Nachteile der Kommunikation am Telefon.

Vorteile	Nachteile
Ständige Erreichbarkeit	Ständig erreichbar sein müssen

Tipps vor dem Telefonieren:
1. Sammeln Sie Informationen rund um Ihren Arbeitsplatz.
2. Bereiten Sie sich auf jedes Gespräch gut vor.
3. Üben Sie das deutliche Reden in unterschiedlichen Lautstärken.
4. Sorgen Sie dafür, dass Sie psychisch und physisch fit und ausgeglichen sind.

Toptipps des Profis:
1. Stellen Sie sich einen Spiegel auf den Tisch vor Ihrem Telefon, Sie werden sich anlächeln.
2. Stellen oder hängen Sie ein Bild mit einer schönen Erinnerung oder etwas Lustigem neben Ihr Telefon. Bei dem Betrachten oder der Erinnerung an die Situation werden Sie lächeln.
3. Gestikulieren Sie beim Telefonieren, das macht Ihre Stimme lebendig.

LERNSITUATION: PLANUNG UND DURCHFÜHRUNG EINER VERKAUFSSCHULUNG
Thema: Checkliste für den Verkauf am Telefon

Situation

Um Ihnen die Arbeit am Telefon zu erleichtern hat die Direktion des Hotels Anweisungen und eine Checkliste erstellt, wie im Hause Telefonate entgegengenommen werden sollen. Bei der Zusammenstellung ist der PC abgestürzt und hat bei der Checkliste die Schritte zwar ausgeworfen, aber die Reihenfolge komplett durcheinander gebracht.

Grundsätzliche Anweisung:

1. Nach dem dritten Klingeln muss der Hörer abgenommen werden.
2. Reden Sie niemals mit vollem Mund, Kaugummis sind verboten.
3. Bleiben Sie stets freundlich, sprechen Sie klar und deutlich.
4. Stellen Sie sich bei Ihrer Wortwahl auf ihr Gegenüber ein.
5. Lassen Sie sich nicht ablenken, konzentrieren Sie sich auf den Gesprächspartner.
6. Sie hören genau zu und lassen den Gesprächspartner ausreden.
7. Zeigen Sie mit positiven Antworten/Erwiderungen Ihr Interesse am Gespräch.

Anrufcheckliste:

Aufgabe 10d:

Bringen Sie die Checkliste wieder in die richtige Reihenfolge:

Nr.	Arbeitsschritte
	Notieren Sie sich alles Wesentliche.
	Sie stellen sich mit dem Namen Ihres Hotels/Restaurants vor, damit der Telefonpartner weiß, dass er richtig gewählt hat.
	Bedanken Sie sich bei Ihrem Gesprächspartner, nennen Sie bei der Verabschiedung seinen Namen.
	Wiederholen Sie die Angaben des Gastes und lassen Sie sich Ihre notierten Angaben bestätigen.
	Fassen Sie das Gespräch und eventuelle Absprachen zum Ende des Gespräches zusammen.
	Rückversichern Sie sich, dass Sie alle gemachten Notizen richtig verstanden und notiert haben.
	Sie begrüßen Ihren Gesprächspartner freundlich.
	Notieren Sie umgehend den Namen des Gesprächspartners, fragen Sie ruhig noch einmal nach.
	Sprechen Sie ab jetzt den Gast mit seinem Namen an.

LERNSITUATION: PLANUNG UND DURCHFÜHRUNG EINER VERKAUFSSCHULUNG
Thema: Betreuungssituationen im Restaurant

Aufgabe 11:

Lesen Sie die Information in den Situationen und erarbeiten Sie Lösungsvorschläge. Sie können die Lösung als Regel oder wörtliche Rede (Antwortsatz) formulieren.

Situation 1
Der Aschenbecher ist zu voll, der Gast beschwert sich.

Situation 2
Der Gast hat ein schmutziges Besteckteil/Glas festgestellt.

Situation 3
Der Kellner verschüttet etwas und beschmutzt den Gast.

Situation 4
Der Gast findet die Portion zu klein.

Situation 5
Der Gast reklamiert, die Suppe ist zu kalt und das Steak zu durchgebraten.

Situation 6
Der Gast findet die Qualität der Speisen nicht angemessen.

Situation 7
Der Gast beschwert sich über zu lange Wartezeiten.

Situation 8
Der Gast ist unverschämt und beleidigt die Servicemitarbeiter.

Situation 9
Der Gast will, dass nach dem Essen sofort abgeräumt wird.

Situation 10
Der Gast hat sich verletzt und benötigt Hilfe.

LERNSITUATION: PLANUNG UND DURCHFÜHRUNG EINER VERKAUFSSCHULUNG
Thema: Beratung des Gastes bei der Speisenwahl/Bonieren von Bestellungen

Aufgabe 12a:

Woran können Sie erkennen, ob der Gast selbstständig auswählen möchte oder er unsere Hilfe benötigt?

1. _____
2. _____
3. _____
4. _____

Aufgabe 12b:

Sie sind als Commis bei Herrn Dietrich, dem Chef de rang, eingeteilt und erhalten von diesem folgenden Bestellzettel. Lesen Sie den Bestellzettel aufmerksam durch. Warum hat er genau so aufgeschrieben, wie die Gäste sitzen?

Tisch 1

Doppelte Rinderkraftbrühe mit Eierstich	Champignonrahmsuppe
Gebeizter Lachs mit Dillsenfsauce	Züricher Geschnetzeltes mit Rösti
Schweinefilet mit Gemüse und Kroketten	Vanilleeis mit heißen Kirschen
Rote Grütze mit Vanillesoße	
Kinderteller Pinocchio	Kraftbrühe mit Nudeln
Schnitzel mit Pommes	Seniorenteller, Königinnenpastete
Eis Pinocchio	Obstsalat

⇒ _____
⇒ _____
⇒ _____

Kennen Sie weitere Möglichkeiten der Tischorganisation?

1. _____
2. _____

LERNSITUATION: PLANUNG UND DURCHFÜHRUNG EINER VERKAUFSSCHULUNG
Thema: Bonieren von Bestellungen

Aufgabe 12c:

In folgendem Rätsel sind die verschiedenen Boniersysteme und Bonarten versteckt.
Suchen Sie diese und tragen Sie Ihre Lösungsworte in die Tabelle ein!

A	F	J	K	O	O	Z	G	F	V	U	D	B	J	Z
C	O	M	P	U	T	E	R	K	A	S	S	E	S	X
T	W	I	B	O	N	B	U	C	H	W	T	D	K	J
R	E	G	I	S	T	R	I	E	R	K	A	S	S	E
U	R	Z	E	X	W	E	F	V	G	Z	E	O	A	T
T	T	E	R	M	I	N	A	L	W	S	E	Z	M	O
A	M	E	D	E	T	L	A	U	F	B	O	N	M	N
L	A	V	B	O	N	B	L	O	C	K	N	T	E	S
O	R	A	B	R	U	F	B	O	N	C	B	V	L	I
N	K	D	O	P	P	E	L	B	O	N	U	K	B	L
V	E	W	T	O	N	E	I	N	Z	E	L	B	O	N
E	S	S	E	N	S	M	A	R	K	E	U	A	N	D
T	O	K	F	H	I	W	C	G	M	S	A	N	E	D

1.		8.	
2.		9.	
3.		10.	
4.		11.	
5.		12.	
6.		13.	
7.		14.	

LERNSITUATION: PLANUNG UND DURCHFÜHRUNG EINER VERKAUFSSCHULUNG
Thema: Rechnungslegung/Zahlungsmittel/Währungsrechnen

Aufgabe 13a:

Welche Möglichkeiten der Rechnungserstellung sind Ihnen bekannt?

1. _____
2. _____
3. _____

Aufgabe 13b:

Warum sollten Rechnungen immer mit einem Kassensystem erstellt werden?

1. _____
2. _____
3. _____

Aufgabe 13c:

Tragen Sie in nebenstehende Rechnung (Vor- und Rückseite) die gesetzlich vorgeschriebenen Angaben ein, damit diese Rechnung vom Finanzamt anerkannt wird.

Name, Ort und Straße des Restaurants	Name (und Adresse) der Gäste	Ort der Bewirtung
Anlass der Bewirtung	genaue Angabe der verzehrten Speisen und Getränke mit Preisen
Unterschrift des Gastgebers	Mehrwertsteuer	Ort, Datum	Ort der Bewirtung

Rechnung Vorderseite vom Hotel auszufüllen	Rechnung Rückseite vom Gast auszufüllen

LERNSITUATION: PLANUNG UND DURCHFÜHRUNG EINER VERKAUFSSCHULUNG
Thema: Rechnungslegung/Zahlungsmittel/Währungsrechnen

Aufgabe 13d:
Warum steht auf vielen Guest-Checks: Akzeptieren Sie keine handschriftlichen Ergänzungen?

Aufgabe 14a:
Ein Rechnungsbetrag lautet über 186,50 € inkl. der gesetzlichen Mehrwertsteuer. Wie hoch ist die darin enthaltene Mehrwertsteuer?

Aufgabe 14b:
Der Warenwert für Lebensmittel beträgt netto € 324 (7 % auf Lebensmittel). Wie hoch ist der Rechnungsbetrag, den der Unternehmer zahlen muss?

Aufgabe 15a:
Der Gast möchte mit einem 100-/200-/500-€-Schein zahlen. Worauf müssen Sie achten?

1. _____

2. _____

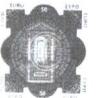

3. _____

4. _____

5. _____

6. _____

LERNSITUATION: PLANUNG UND DURCHFÜHRUNG EINER VERKAUFSSCHULUNG
Thema: Rechnungslegung/Zahlungsmittel/Währungsrechnen

Sicherheitstipp:

Der Service sollte niemals am Tisch des Gastes sein Portemonnaie herausholen und dem Gast das Wechselgeld herausgeben. Geld ist eine mit sehr viel Vorsicht zu handhabende Angelegenheit. Geben Sie keinem Fremden die Möglichkeit in ihr Portemonnaie zu sehen und zu erkennen, wie viel Geld Sie bei sich tragen.

Schützen Sie sich und Ihren Betrieb, indem Sie das Wechselgeld immer in aller Ruhe im Office herausgeben, und bringen Sie dem Gast das Wechselgeld auf einem gesonderten Behälter.

Aufgabe 15b:

Ein amerikanischer Gast fragt ob es bei Ihnen möglich sei mit einem Traveller Cheque/Reisescheck zu bezahlen. Was wissen Sie darüber, worauf müssen Sie achten?

_____
_____
_____
_____

Aufgabe 15c:

Finden Sie die versteckten unbaren Zahlungsarten (teilweise in Umgangssprache im Rätsel), rahmen Sie sie ein und erläutern Sie die bekanntesten auf der nächsten Seite.

V	O	U	C	H	E	R	E	E	S	F	O
K	Ö	Z	V	Z	E	C	K	A	R	T	E
J	E	F	I	S	U	I	G	G	I	E	S
G	U	T	S	C	H	E	I	N	O	R	S
H	R	R	A	H	Ö	C	Ä	K	P	M	E
T	O	F	C	E	I	K	H	J	K	I	N
H	C	V	A	C	Ü	S	R	I	L	N	S
F	A	C	R	K	O	C	X	E	M	A	B
S	R	S	D	I	K	C	E	E	T	L	O
W	D	I	N	E	R	S	C	L	U	B	N
D	E	B	I	T	K	A	R	T	E	X	Y

LERNSITUATION: PLANUNG UND DURCHFÜHRUNG EINER VERKAUFSSCHULUNG
Thema: Rechnungslegung/Zahlungsmittel/Währungsrechnen

Zahlungsart	Erläuterung:
Gutschein	wird immer beliebter, die Gutscheine werden über eine bestimmte Summe ausgestellt und im Voraus bezahlt. Der Kunde/Gast kann diesen Gutschein später über den Betrag oder die ausgestellte Leistung einlösen. Zu beachten ist, dass der Gutschein auch auf den Namen des Einlösenden ausgestellt ist. Gutscheine dürfen lt. Gerichtsbeschluss nicht verfallen.
Voucher	
Debitkarten EC-Karte/Maestro	
Kreditkarten Amexco Visacard Dinersclub Eurocard/Mastercard	
Terminal Scheckkarte mit Unterschrift mit Pin	
Scheck Reisescheck	
Essensbon	

LERNSITUATION: PLANUNG UND DURCHFÜHRUNG EINER VERKAUFSSCHULUNG
Thema: Rechnungslegung/Zahlungsmittel/Währungsrechnen

Aufgabe 15d:

Sie haben ausländische Gäste, die mit ihrer Währung bezahlen möchten. Rechnen Sie mithilfe der folgenden Wechselkursübersicht um:

Land	Währung	Wechselkurs für 1 €
Türkei	Türkische Lire	2,06 Lire
Dänemark	Dänische Krone	7,43 Kronen
England	Pfund Sterling	0,87 Pfund
Polen	Polnische Zloty	3,96 Zloty
Amerika	US-Dollar	1,36 Dollar
Japan	Yapanischer Yen	125 Yen

1. Ein dänischer Gast möchte seine Rechnung über 135,50 € in Kronen zahlen
   Berechnen Sie 5,00 € Bearbeitungsgebühr.

2. Ein japanischer Tourist zahlt seine Übernachtungsrechnung mit 39480 Yen. Da er ein guter Stammkunde ist, berechnen Sie diesmal keine Gebühren.

3. Ein amerikanischer Gast möchte 200 US-Dollar in Euro gewechselt haben. Sie berechnen € 7,06 Wechselgebühr

Aufgabe 16:

Ihr Magnetkartentelefon (MAKATEL) ist ausgefallen. Wie können Sie das Problem am sichersten lösen? Erarbeiten Sie Lösungsvorschläge!

LERNSITUATION: PLANUNG UND DURCHFÜHRUNG EINER VERKAUFSSCHULUNG

Thema: Verabschiedung der Gäste

Situation

Der Oberkellner erklärt den Auszubildenden, dass die Verabschiedung der Gäste ebenso wichtig ist wie die Begrüßung. Um alles richtig zu machen bekommen Sie von ihm einige Hinweise für Ihre Verkaufsschulung.

Aufgabe 17a:

Erläutern Sie den Auszubildenden im ersten Lehrjahr, warum die Verabschiedung der Gäste von ebenso großer Bedeutung ist wie die Begrüßung.

Aufgabe 17b:

Erstellen Sie eine Checkliste zur Verabschiedung der Gäste – von dem Moment an, wo diese vom Tisch aufstehen.

LERNSITUATION: PLANUNG UND DURCHFÜHRUNG EINER VERKAUFSSCHULUNG
Thema: Behandlung von Reklamationen

Situation

Allen Auszubildenden, die die Verkaufsschulung vorbereiten, ist klar: Nur der zufriedene Gast kommt wieder. Sie sind sich einig, dass Reklamationen im Vorfeld vermieden werden sollten, aber dass sie, wenn sie denn geschehen, eine Chance in sich tragen. Diese Chance zur Qualitätsentwicklung kann aber nur genutzt werden, wenn die Reklamation erfolgreich behandelt wird.

Aufgabe 18a:

Nennen Sie Gründe, warum ein Gast reklamieren könnte.

1. Die Portion ist zu klein

Aufgabe 18b:

Finden Sie positive Formulierungen, die Sie bei den von Ihnen erarbeiteten Reklamationen einsetzen können um ihren Gast zu besänftigen und zufriedenzustellen.

1. Ja, Sie haben Recht, die Portion ist wirklich etwas klein geraten, ich besorge Ihnen selbstverständlich noch einen schönen Nachservice

LERNSITUATION: PLANUNG UND DURCHFÜHRUNG EINER VERKAUFSSCHULUNG
Thema: Behandlung von Reklamationen

Aufgabe 18c:
Ergänzen Sie im folgenden Lückentext die Reaktionen eines unzufriedenen Gastes:

> Ton, emotional, geladen, Denkvermögen, Gesicht, beharrt, Verteidigungsrolle, Widerspruch, Beschwerde

- Der unzufriedene Gast ist _____, verärgert, wütend und gereizt.
- Er wählt oft den falschen _____ .
- Durch diese Verärgerung ist sein _____ eingeschränkt.
- Er argumentiert vorwiegend _____ .
- Er _____ auf seinem Standpunkt.
- Er ist misstrauisch und sehr skeptisch, fühlt sich in die _____ gedrängt.
- Er reagiert auf _____ sehr empfindlich.
- Er steigert sich in seine _____ hinein.
- Er fürchtet durch Nachgeben sein _____ zu verlieren.

Aufgabe 18d:
Formulieren Sie grundsätzliche Empfehlungen bei Reklamationen im folgenden Lückentext.

> Widerspruch, ehrlich, Fehler, Respekt, höflich, Unmut, verliebt, zufriedenstellen, aufgewertet, Vorgesetzten, angegriffen, Chance

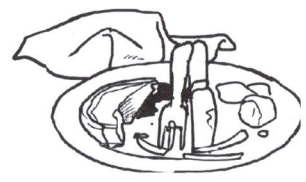

Die goldenen Regeln der Reklamationsbehandlung:

1. Bleiben Sie ruhig, sachlich und _____ .
2. Diskutieren Sie nicht mit dem Gast, _____ reizt den Gast noch mehr.
3. Unterbrechen Sie den Gast nicht, das steigert seinen _____ .
4. Machen Sie keine unangebrachten Sprüche wie z. B. „der Koch war wohl _____".
5. Entschuldigen Sie sich gleich, aber Vorsicht, die Entschuldigung muss _____ klingen.
6. Zeigen Sie dem Gast, dass Sie ihn ernst nehmen. Behandeln Sie ihn mit _____ .
7. Reagieren Sie sofort, sorgen Sie für Abhilfe oder fragen Sie den Gast, wie Sie ihn wieder _____ können.
8. Informieren Sie Ihren _____ . Die Reklamation wird dadurch für den Gast _____ .
9. Fühlen Sie sich nicht persönlich _____ . Nutzen Sie die Reklamation als _____ .
10. Prüfen Sie nach, ob der _____ behoben wurde.

LERNSITUATION: PLANUNG UND DURCHFÜHRUNG EINER VERKAUFSSCHULUNG
Thema: Behandlung von Reklamationen

Aufgabe 18e:

Wie reagieren Sie in folgenden Situationen? Nennen Sie, wie Sie reagieren und bezeichnen Sie das, was Sie tun.

Situation	Reaktion	Reaktionsinstrument
Kroketten statt Salzkartoffeln serviert	Sofortige Lieferung von Salzkartoffeln	Leistungstausch
Das Steak englisch statt medium serviert		
Die Kräuterbutter wurde vergessen – der Gast reklamiert während des Essens		
Beim Abräumen tropft Sauce auf die Jacke des Gastes		
Der Gast reklamiert nachträglich die Qualität der Speisen		
Der Gast reklamiert beim Gehen die allgemeine Freundlichkeit		
Der Gast geht verärgert		
Der Gast sendet ein Reklamationsschreiben		

Aufgabe 18f:

Warum müssen Reklamationen immer diskret behandelt werden?

___
___
___

LERNSITUATION: PLANUNG UND DURCHFÜHRUNG EINER VERKAUFSSCHULUNG
Thema: Behandlung von Reklamationen

Aufgabe 18g:

Welche Strategien der diskreten Reklamationsbehandlung kennen Sie? Versuchen Sie gemeinsam mit Ihren Mitschülern mögliche Szenarien zu erstellen!

- Ruhiges Annehmen der Reklamation
- _____
- _____
- _____
- _____
- _____

Aufgabe 18h:

In der Gastronomie erhält in der Regel niemand gerne eine Reklamation: Sie bedeutet Ärger, Stress und meist die Störung des normalen Arbeitsablaufes. Trotzdem gibt es Fachleute, die behaupten „Jede Reklamation ist eine Chance!".

Kommentieren Sie, alleine oder mithilfe von Kollegen, diese Äußerung.

- _____
- _____
- _____

Toptipp:
Geben Sie dem reklamierenden Gast einen Gutschein für einen Aperitif beim nächsten Besuch zusätzlich zur Entschuldigung. Dieser Gast wird bestimmt wiederkommen, denn wer löst nicht gerne einen Geschenkgutschein ein?

LERNSITUATION: VORBEREITUNG DER SCHULUNG „DEUTSCHER WEIN"
Thema: Wiederholung Weißweinherstellung

Situation

Das Hotel Europa möchte den Absatz von deutschen Weinen im Restaurant verbessern und deswegen die Mitarbeiter des Restaurants gezielt schulen. Die Auszubildenden der Frontberufe Peter, Paul, Amanda und Luise sollen an der Vorbereitung der Schulung beteiligt werden, da sie in der Schule neben Fachwissen zum Thema auch geeignete Methoden kennenlernen.

Aufgabe 1:

Peter und Amanda beginnen bei ihren Vorbereitungen mit den „Basics": Laut § 1 Weingesetz darf Wein nur durch Vergären des aus frischen Trauben gewonnenen Traubenmostes oder der entsprechenden Maische gewonnen werden. Amanda meint, dass jeder Service-Mitarbeiter in der Lage sein sollte, den Text zur Weißweinherstellung zu ergänzen!

Alkoholgehalt	September	zwölf	Kohlensäure	gequetscht	Stielen	Most	Zuckergehalt
Umfüllen	sterilen	Öchsle	Trester	Kerne	Oktober	Zellen	öffnen	Saft
Kieselgurfilter	drei	Maische	Schalen	Öchslewaage	vier	Alkohol	zwei	Zentrifugen

① Traubenlese

① Erfolgt von Ende _____ bis Anfang _____ (je nach Jahrgang).

② Traubenmühle

② Hier werden die Trauben _____ , damit sich alle _____ der Frucht _____ . Es entsteht die _____ .

③ Maische

③ Besteht somit aus: _____ , _____ , _____ und teilweise _____ .

④ Kelter

④ Diese „Presse" trennt die Maische in _____ und _____ .

⑤ Most

⑤ Die Qualität des Mostes, soweit es seinen _____ betrifft, wird in Grad _____ (°OE) angegeben. Die Messung des Mostgewichts erfolgt mit der _____ . Nach der Gilbertschen Formel lässt sich aus dem Mostgewicht der _____ errechnen.

⑥ Hauptgärung

⑥ Dieser Gärprozess dauert im Regelfall _____ bis _____ Wochen. Hier werden die Zuckerstoffe in _____ und _____ umgewandelt.

⑦ Abzug/Abstich

⑦ Durch das _____ von einem Fass in ein anderes Fass wird der junge Wein vom Bodensatz (z.B. abgesetzter Hefe) befreit. Wurde bei den traditionellen Verfahren bis zu viermal im Jahr abgezogen, so begrenzt der Winzer diesen Vorgang durch Einsatz von _____ oder _____ auf zwei Abstiche.

⑧ Nachgärung/Reife

⑧ Weißweine werden _____ bis _____ Monate im Fass ausgebaut, bevor sie unter möglichst _____ Bedingungen in Flaschen abgefüllt oder zur weiteren Lagerung im Fass umgefüllt werden.

100 LERNSITUATION: VORBEREITUNG DER SCHULUNG „DEUTSCHER WEIN"
Thema: Geschmacksbeschreibung

Aufgabe 2:

Amanda hat in den Unterlagen des Sommeliers eine Liste von Begriffen gefunden, mit denen Wein fachgerecht beschrieben werden kann. Peter und Amanda sind sich einig, dass diese Begriffe allen Mitarbeitern für die professionelle Beratung der Gäste in Sachen Wein bekannt sein sollten. Ergänzen Sie die Beschreibungen der Begriffe:

Abgang	Der „Nachgeschmack" eines Weines, wenn dieser bereits geschluckt ist. Es sind die Empfindungen von Geschmack und Struktur.
Ansprechend	
Aroma, aromatisch	
Bukett, bukettreich	
Blume, blumig	
Duftig	
Dünn	
Elegant	
Gefällig	
Geschmack	
Harmonisch	
Herb (bei Weißwein)	
Kräftig	
Lieblich	
Rassig	
Spritzig	
Süffig	
Trocken	
Wuchtig	

LERNSITUATION: VORBEREITUNG DER SCHULUNG „DEUTSCHER WEIN"
Thema: Typische Geschmacksrichtungen bekannter Rebsorten; berühmte Weinlagen in Deutschland

Aufgabe 3:

Paul hat eine Übersicht, die nach geschmacklichen Gesichtspunkten unterscheidet, aus einem Fachbuch abgeschrieben. Nun will er die Rebsorten der offenen Ausschankweine in die Tabelle eintragen. Er bittet Luise um Hilfe, die ihm die Rebsorten benennen kann: „Silvaner, Müller-Thurgau, Riesling, Ruländer, Lemberger, Gutedel, Schwarzriesling, Weißburgunder, Grauburgunder, Chardonnay, Gewürztraminer, Muskateller, Spätburgunder, Trollinger, Portugieser, Dornfelder, Scheurebe".

Gruppe	Beschreibung	Rebsorten
Milde Weißweine	Milde bis feine Säure, verhaltener im Duft	
Rassige Weißweine	Spürbare bis kräftige Säure, dezenter Duft	
Bukettreiche Weißweine	Intensiver, typischer Duft	
Samtig-fruchtige Rotweine	Harmonisch, wenig Gerbstoffe	
Kräftige Rotweine	Farbintensiv, geschmacksbetont	

Aufgabe 4:

Luise, Hans und Peter möchten ihr Wissen testen. Aus diesem Grund haben sie Amanda gebeten, bekannte deutsche Weinorte mit Lagenbezeichnungen aufzulisten. Nun wollen sie Amandas Auflistung mit den Weinanbaugebieten ergänzen.

Weinort	Lagebezeichnung	Anbaugebiet	Weinort	Lagebezeichnung	Anbaugebiet
Walporzheim	Gärkammer		Forst	Ungeheuer	
Erden	Treppchen		Heppenheim	Centgericht	
Bacharach	Wolfshöhle		Würzburg	Stein	
Johannisberg	Vogelsang		Proschwitz	Katzensprung	
Bad Kreuznach	Narrenkappe		Weinsberg	Ranzenberg	
Oppenheim	Krötenbrunnen		Sasbachwalden	Alde Gott	
Freyburg	Edelacker		Maximin Grünhaus	Abtsberg	
Filzen	Herrenberg		Kiedrich	Sandgrub	
Nierstein	Ölberg		Iphofen	Kalb	
Meersburg	Bengel		Wehlen	Sonnenuhr	
Bernkastel	Doktor				

LERNSITUATION: VORBEREITUNG DER SCHULUNG „DEUTSCHER WEIN"
Thema: Weinempfehlungen zu Speisen

Aufgabe 5:

Um die Kollegen in einer Schulung adäquat auf das Angebot des eigenen Hauses vorzubereiten, haben Peter, Paul, Amanda und Luise ihren Kollegen Hans aus der Küche gebeten, eine „Renner-Penner-Liste" der Speisen auf der Bistro-Abendkarte zu erstellen. Diese sollen nun den passenden offenen Ausschankweinen zur Übung zugeordnet werden.

Die von Hans markierten Speisen sind: Aufschnittplatte „Hotel Europa"/Blutwurst/Chili con Carne/Fischplatte vom Grill/Graved Lachs/Hähnchenbrust/Lammrücken, gebraten/Matjestatar/Pizza/Quiche Lorraine/Rohkostplatte/Salatteller/Spargel/Wildgulasch.

Merkmale für die Weinempfehlung	Speisenangebot	Merkmale für die Weinempfehlung	Speisenangebot
Gehaltvolle Weißweine, gern mit leichtem Barrique		Spritzige Saarweine, Gewürztraminer, Chardonnay	
Körperreicher bis mittelschwerer Rotwein, „fette" gehaltvolle Weißweine		Trockene, gehaltvolle Weißweine – aus unserer Weinkarte Sancerre	
Reife, feine Rotweine		Würzige Rotweine	
Je nach Tageszeit und Zubereitungsart der Mahlzeit; alle unsere Ausschankweine aus Aufgabe 3		Süffige, junge Rotweine, spritzige Roséweine, säurebetonte Weißweine	
Grauer Burgunder, Riesling, trockene Roséweine, leichte Rotweine		Mittelschwere Weißweine, fruchtige Rotweine	
Frische Weißweine, Weißherbst, leichte junge Rotweine		Junge deutsche Weißweine, aber auch Chablis, Sauvignon aus Südafrika	
Kräftige deutsche Rotweine, aromatische Rotweine aus Übersee, Weißweine aus dem Rioja		Mittelschwere, trockene Weißweine aus Italien oder Frankreich, Riesling von der Mosel	

Früher wurde als Regel genutzt:

Helles Fleisch – heller Wein und **dunkles Fleisch – dunkler Wein!**

Heute kann diese Regel, weil sie recht einfach ist, als Hilfe noch sinnvoll genutzt werden, doch ist man nun in der Empfehlung der Weine freier:

Wichtig ist immer, dass sich Wein und Speise ergänzen!

Vereinfacht könnte man auch sagen: Sie sind gleich stark im Aroma, keiner verliert gegen den anderen.

LERNSITUATION: VORBEREITUNG DER SCHULUNG „DEUTSCHER WEIN"

Thema: Wiederholung Garverfahren

Aufgabe 6a:

Amanda hat den Sommelier mehrfach in ihrer Ausbildung zum Tisch der Gäste begleitet und seinen Empfehlungen zugehört: Er richtet seine Weinempfehlung oft nach den Garmethoden der Hauptkomponente der Speisen aus. Für die Weinschulung möchte Amanda deswegen eine Übung zu dieser Methode zur Weinempfehlung einbringen.

Zuerst wiederholt Amanda die Garverfahren, die sie auf der Speisekarte des Á-la-carte-Restaurants im Hotel Europa wiederfindet:

Kochen   **Pochieren**   **Dünsten**   **Braten**

- Eine Speise gart nach kräftigem Anbraten im geschlossenen Topf bei geringer Temperatur mit wenig Flüssigkeit langsam weiter.

- Eine Speise wird in der Pfanne auf dem Herd oder im Backofen bei hohen Temperaturen gegart.

- Eine Speise wird in Flüssigkeit bei einer Temperatur von etwa 100 °C gegart.

- Eine Speise wird in wenig Flüssigkeit und Wasserdampf bei etwa 100 °C gegart.

- Ein Garverfahren, bei dem die Wärmeübertragung durch eine intensive Strahlung erfolgt.

- Das Gargut wird in Fett schwimmend bei etwa 150–170 °C gegart.

- Das Gargut wird in nicht mehr kochender, aber noch heißer Flüssigkeit (etwa 75–98 °C) ziehen gelassen

Grillen   **Schmoren**   **Frittieren**

LERNSITUATION: VORBEREITUNG DER SCHULUNG „DEUTSCHER WEIN"

Thema: Weinempfehlungen

Aufgabe 6b:

Das Wiederholen der Garverfahren finden auch Peter, Paul und Luise recht gut; doch leider hilft es nicht so richtig weiter. In einem weiteren Schritt soll nun die Methode angewandt werden. Gemeinsam suchen die vier aus der Speisekarte geeignete Beispiele aus:

Gericht	Weinempfehlung	Begründung
Pochiertes Welsmedaillon, Meerrettichsauce, Fingermöhrchen, Schlosskartoffeln	Trockener oder halbtrockener Weißwein aus Deutschland wie z.B. Silvaner, Riesling, Grauburgunder. Feine Weißweine aus Frankreich (St. Veran, Sancerre), aber auch aus allen übrigen Weinanbaugebieten.	Wels, Fingermöhrchen und Meerrettich; die Sauce wird eher pikant und weniger dominant sein, daher eignen sich die benannten Weißweine. Wichtig ist nur, der Wein ist nicht zu „fett" und voluminös.
Forelle Müllerin, Petersilienkartoffeln, Blattsalate (gebraten)		Das feine Fleisch der Forelle wird durch die intensiven Röstaromen im Eigengeschmack verstärkt. Weißweine von der Mosel oder aber auch ein Pinot Blanc, Sancerre oder Chablis unterstützen hier.
Steinbuttfilet, Hummerrahmsauce, Blattspinat, Wildreis (gekocht)		Bei dieser Speise ist die Hummerrahmsauce die Komponente, die für die Wahl des Weines ausschlaggebend ist.
Entrecôte double, Sauce Bearnaise, Gartengemüse, Strohkartoffeln (vom Grill)		
Ossobuco, Polenta		
Gratinierte Schweinemedaillons, Roquefortsauce, Cherrytomaten, Prinzessbohnen, Pariser Kartoffeln		
Tafelspitz mit Bouillonkartoffeln		
Gebackener Fenchel, Tomatensauce, Blattsalate (frittiert)		

Hinweis: Bei aller Empfehlung und Kenntnis von Regel: Der Gast ist König und erlaubt ist, was dem Gast schmeckt. Der persönliche Geschmack und der Wunsch des Gastes stehen immer an erster Stelle.

LERNSITUATION: VORBEREITUNG DER SCHULUNG „DEUTSCHER WEIN"
Thema: Beurteilung von Wein in vier Schritten

Aufgabe 7:

Im Rahmen der Weinschulung soll eine Verkostung internationaler Weine vorbereitet werden. Paul hat zu Hause die Beurteilungskriterien herausgesucht und aufbereitet. Als er das Arbeitsblatt den anderen vorstellen will, merkt er, dass er die Musterlösung zu Hause vergessen hat. Helfen Sie ihm aus seinem Dilemma!

Die Beurteilung von Weinen in vier Schritten:

1. Das Auge sieht:

Betrachten Sie den Wein im aufrechten Glas.

Klarheit wie z. B.: trüb, stumpf, klar
Farbintensität: ____
Farbe: (Weißwein) ____
(Rotwein) ____
Konsistenz: ____

2. Die Nase riecht:

Die Blume des Weines gibt Aufschluss über seinen Charakter; denn die Nase differenziert besser als die Zunge. (Benennen Sie hier auch eigene Erfahrungen!)

Allgemeiner Eindruck: ____

Fruchtaromen: ____
Bukett: ____
Fruchtiges Aroma: ____
Blumiges Aroma: ____
Würzige Aromen: ____
Chemische Aromen: ____
Geruchsfehler: ____

3. Der Gaumen schmeckt:

Der Fachmann nimmt einen Mund voll und spült den Wein hin und her. Zunge und Gaumen prüfen die Fülle der Geschmacksstoffe. Die Zunge schmeckt: Süße, Säure, Bitterkeit, Gerbstoffe. Geschmackskriterien sind daher:

Süße: ____
Gerbsäure: ____
Säure: ____
Frucht: ____
Körper: ____
Abgang: ____

4. Das Nachklingen:

Welchen Eindruck hinterlässt der Wein, wenn er (ausgespuckt oder) geschluckt wurde. Im Gaumen bleibt ein kurzer oder langer Abgang zurück. Sicherlich kennen auch Sie eine Vielzahl von Charaktereigenschaften eines Weines:

____
____

LERNSITUATION: ENTWURF DER GETRÄNKE-SONDERKARTE FÜR DEN SILVESTERBALL

Thema: Herstellung von Perlwein, Sekt, Champagner

Situation

Im Hotel Europa wird bereits für den nächsten Silvesterball geplant. Der F&B-Direktor überträgt Paul die Vorarbeiten für die Getränke-Sonderkarte – also die Schaumweinbestellung.

Bereits nach einem kurzen Blick in den Katalog des Getränkelieferers erkennt Paul, dass seine Vorkenntnisse bei diesem Thema nicht ausreichen. Ein Kollege aus dem Einkaufsbüro findet in einer Fachzeitschrift einen passenden Artikel.

Lesen Sie den folgenden Text aufmerksam durch:

Was Sie schon immer wissen wollten. . .!?
Feinperlig prickelnde Unterschiede von Sekt und Champagner

Die Entdeckung des schäumenden Weines ist einem Zufall zu verdanken: Dom Perignon, ein Benediktinermönch, war um 1668 auf der Suche nach einem neuartigen Verschluss für seinen Wein. Er entdeckte hierfür die elastische Rinde der Korkeiche, und da damals Wein nur unzureichend geklärt werden konnte, ging der so verschlossene Wein bei warmer Witterung in eine zweite Gärung über. Durch den neuartigen Verschluss aus Kork konnte die entstehende Kohlensäure nicht entweichen und löste sich in dem Wein: Der schäumende Wein war entdeckt!

Zunächst durfte sich der schäumende Wein in aller Welt Champagner nennen. Nach dem Ersten Weltkrieg wurde im Versailler Vertrag von 1919 festgelegt, dass nur die Schaumweine der Champagne als Champagner bezeichnet werden dürfen. In Deutschland etablierte sich daher der Name Schaumwein. 1925 wurde im neuen Weingesetz der Begriff Schaumwein mit der Bezeichnung Sekt gleichgesetzt. Das Weingesetz von 1971 trennt die Begriffe aus gutem Grund wieder: Danach ist Schaumwein ein Oberbegriff für alle schäumenden Weine, und als Sekt darf nur noch Qualitätsschaumwein bezeichnet werden. Der gute Grund für die Trennung der Bezeichnungen war die Herstellung von Schaumweinen aus qualitativ geringwertigen Weinen unter Zusatz von Kohlensäure. Dieses Verfahren sollte von der hochwertigen Sektherstellung abgesetzt werden. Folglich ist jeder Sekt ein Schaumwein, aber noch lange nicht jeder Schaumwein ein Sekt.

Sekt ist seitdem eine Bezeichnung für Qualitätsschaumwein, der aus Qualitätsweinen hergestellt wurde. Er muss einen Mindestalkoholgehalt von 10 Vol.-% haben und die Kohlensäure muss ausschließlich in einer zweiten Gärung entstanden sein. Der Überdruck der Flaschen muss bei 20 °C mindestens 3,5 bar betragen. Die qualitätsbeeinflussende Lagerzeit des Sektes auf der Hefe ist bei der Tankgärung auf 6 Monate und bei der Flaschengärung auf 9 Monate festgelegt. Letztlich muss dem Sekt, wie allen Qualitätsweinen, eine amtliche Prüfnummer zuerkannt werden. In Frankreich wurden zur Qualitätssicherung nach 1919 dem Champagner ähnliche Einschränkungen auferlegt: Die Grundweine für den Champagner müssen aus der Champagne stammen, und der Schaumwein muss hier nach der – Méthode Champenoise (Flaschengärung) produziert werden. Es werden jährlich Ertragsbegrenzungen festgelegt, und die Reifung des Champagners unter CO_2-Druck muss mindestens ein Jahr betragen.

Doch selbst mit diesen gesetzlichen Regelungen sind die Unterschiede und die Preisgestaltung bei Sekt und Champagner nicht ausreichend geklärt: Mit fortschreitender Technisierung der Sektherstellung haben sich Qualitätsabgründe aufgetan.

Es gibt mehrere Verfahren zur Herstellung von Sekt, die alle den gleichen Ausgangspunkt haben: den Wein. Aus besonders geeigneten Grundweinen, meist verschiedener Herkunft und Jahrgänge, wird die Cuvée hergestellt. Zur Einleitung einer zweiten Gärung wird die Fülldosage (in Wein gelöster Kristallzucker und Hefe) zugegeben. An diesem Punkt enden die Gemeinsamkeiten.

Das bekannteste und älteste Verfahren ist die Méthode Champenoise: Die mit Fülldosage versehene Cuvée wird in Flaschen gefüllt und mit einem Kronkorken verschlossen. Die Flaschen werden liegend gestapelt, und die zweite Gärung nimmt ihren Lauf. Nach beendeter Gärung setzt sich der Hefetrub am Flaschenbauch ab. Die Flaschen werden nun in Rüttelpulte eingesetzt und täglich gerüttelt. Dabei wird das Rüttelpult so verstellt, dass die Flaschen täglich schräger stehen und so der Hefetrub langsam Richtung Korken rutscht. Am Ende der langwierigen Prozedur stehen die Flaschen mit dem Korken nach unten im Gestell, und der Hefetrub liegt vollständig auf dem Korken. Nun wird, nach der vorgeschriebenen Lagerzeit, die Hefe durch das Degorgieren aus der Flasche entfernt. Hierzu wird der Flaschenhals bei −18 °C schockgefroren und dann geöffnet. Durch den Druck in der Flasche wird der Hefepfropf herausgeschleudert. Die reduzierte Füllmenge in der Flasche wird durch die Versanddosage aufgefüllt. Diese Versanddosage darf nach EU-Recht aus Saccharose, Traubenmost, Wein und Weindestillat bestehen. Ihr Süßegrad bestimmt die Geschmacksrichtung des Sektes oder Champagners. Die Vorteile des Champagnerverfahrens sind die besondere Feinperligkeit der gelösten Kohlensäure und das kräftige Aroma, das durch die lange Lagerzeit auf der Hefe entsteht. Nachteile des Verfahrens sind neben langen Herstellungs- und Lagerzeiten die hohen Verluste durch Flaschenbruch, sowie die hohen Herstellungskosten aufgrund der großen Personalintensität. Champagner ist eine geschützte Bezeichnung. Deutscher, nach Champagnerverfahren hergestellter Sekt darf den Vermerk „klassische" oder „traditionelle" Methode tragen.

Bei dem zweiten Verfahren, dem Transvasierverfahren, erfolgt zunächst ebenfalls die Flaschengärung. Die Flaschen werden ebenfalls liegend gelagert, allerdings entfällt der aufwendige Rüttelvorgang zur Enthefung. Stattdessen werden die Flaschen nach beendeter Gärung unter Gegendruck stehend in einen Großbehälter entleert. Bereits hier wird die Versanddosage zugegeben, und der Sekt wird durch einen Filter geleitet und dort entheft. Der fertige Sekt wird wieder unter Gegendruck auf Flaschen gezogen und verkorkt. Es schließt sich eine Lagerung der Flasche an, damit der Sekt zur Ruhe kommt. Vorteile dieses Verfahrens sind enorme Kosten- und Zeitersparnisse bei der Herstellung. Das Produkt ist qualitativ hochwertig, jedoch können Kenner Unterschiede

LERNSITUATION: ENTWURF DER GETRÄNKE-SONDERKARTE FÜR DEN SILVESTERBALL
Thema: Herstellung von Perlwein, Sekt, Champagner

in der Feinheit der Kohlensäureperlen erkennen. Nachteilig ist ähnlich wie bei der Champagnermethode der hohe Verlust durch Flaschenbruch während der Gärung und die lange Lagerzeit auf der Hefe, die sich jedoch positiv auf die Geschmacksintensität auswirkt.

Das modernste Verfahren der Sektherstellung, das sich in Deutschland im unteren Preissegment der Sektsorten durchgesetzt hat, ist die Großraumgärung. Sie findet in Edelstahltanks von bis zu 200.000 und mehr Litern Fassungsvermögen statt. Die Hefe setzt sich nach der etwa zwei Wochen dauernden Gärung während der vorgeschriebenen Lagerdauer am Boden des Tanks ab, und der Sekt wird von der Hefe in einen Gegendruckbehälter abgezogen. Hier wird die Versanddosage zugegeben, und es wird über einen Filter der restliche Hefetrub entfernt. Der Sekt wird unter Gegendruck auf Flaschen gezogen und kann direkt in den Handel gelangen. Die Vorteile dieses Verfahrens liegen auf der Hand: Kurze Herstellungs- und Lagerzeiten führen zu einem relativ preiswerten Massenprodukt, das sich großer Nachfrage erfreut. Nachteile sind die deutlich geringere Qualität, große und träge Kohlensäureperlen und Mängel im Geschmack, da der so hergestellte Sekt nur etwa sechs Monate auf der Hefe verbleibt. Kenner lehnen besonders aus diesem letzten Grund den Sekt aus Großraumgärung als minderwertig, weil untypisch, ab.

Wie bereits erwähnt, wird die Geschmacksrichtung des fertigen Sekts und Champagners ausschließlich durch die Versanddosage bestimmt. Nach der Schaumweinverordnung der EU werden fünf verschiedene Süßegrade unterschieden: Besonders herber, zuckerarmer Sekt oder Champagner enthalten weniger als 15 g/l Zucker und werden mit „brut" oder „herb" gekennzeichnet. Die Bezeichnung „extra trocken", „extra dry" oder „très sec" bedeutet einen Zuckergehalt von maximal 20 g/l. Bis 35 g/l Zucker dürfen alle als „trocken", „dry" oder „sec" gekennzeichneten Sekte enthalten. Sekt und Champagner mit der Bezeichnung „halbtrocken", „medium dry" oder „demi sec" dürfen bis zu 50 g/l Zucker enthalten, und alle Schaumweine mit mehr als 50 g/l Zucker werden mit „mild", „sweet" oder „doux" gekennzeichnet. Die Auswahl eines Sektes oder Champagners ist immer eine persönliche Geschmackssache und hat mit der Qualität, wie oft fälschlicherweise behauptet, nichts zu tun. Sekt und Champagner eignen sich zum direkten Genuss bei (fast) jedem Anlass. Lagerung ist weder notwendig, noch dem Geschmack förderlich, da Sekt und Champagner beim Verkauf den Höhepunkt ihrer Entwicklung bereits erreicht haben. Die Lagerung ist ein Teil des Herstellungsverfahrens und zum Verkaufszeitpunkt abgeschlossen.

Findet er keinen spontanen Anlass, so sollten Sekt und Champagner trocken, kühl und dunkel gelagert werden. Flaschen mit Naturkorkverschluss sollten bei längerer Dauer liegend gelagert werden und erst etwa eine Stunde vor dem Servieren hingestellt werden. Flaschen mit Kunststoffverschluss können immer stehend gelagert werden: Plastik trocknet nicht aus.

Aufgabe 1:

Sortieren Sie die wichtigsten Merkmale der einzelnen Verfahren in die folgende Tabelle.

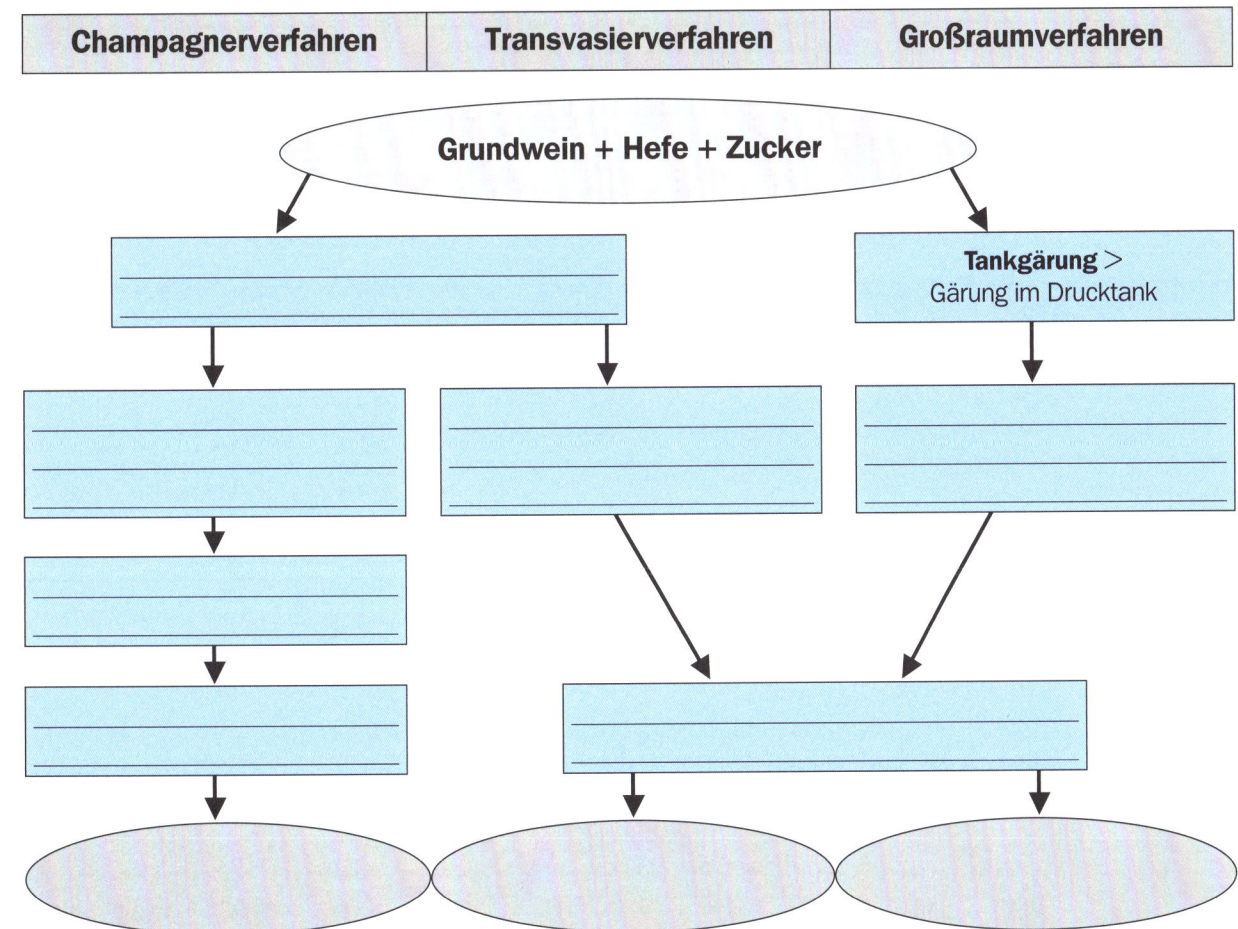

LERNSITUATION: ENTWURF DER GETRÄNKE-SONDERKARTE FÜR DEN SILVESTERBALL
Thema: Bezeichnung von Sekt & Champagner

Aufgabe 2a:

Paul fühlt sich jetzt schon viel besser informiert, doch beim Blick in den Katalog merkt er, dass der Abgrund sich noch nicht ganz geschlossen hat – er versteht von den Bezeichnungen erst die Hälfte!

Katalogauszug:

Moet & Chandon Brut Imperial Jeroboam	136 € + MwSt.
Pommery Blanc de Noir	28 € + MwSt.
Perrier-Jouet Belle Epoque Millesimé 2002	62 € + MwSt.
Veuve Cliquot Ponsardin Demi Sec Magnum	26 € + MwSt.
Krug Clos de Mesnil 1er cru	166 € + MwSt.
Roederer Cristal Brut 2000	76 € + MwSt.

Aufgabe 2b:

Vervollständigen Sie aus dem Zeitungsartikel die Geschmacksbezeichnungen für Schaumweine:

Zuckergehalt	deutsch	französisch	englisch
0–6 g/l			
0–15 g/l			
12–20 g/l			
17–35 g/l			
35–50 g/l			
über 50 g/l			

Aufgabe 2c:

Schnell begreift Paul wegen der Preise, dass die seltsamen Namen wie Magnum und Jeroboam die Flaschengröße bezeichnen. Er macht sich Vokabelkarten. Dummerweise fallen sie ihm immer wieder durcheinander und er kann immer noch nicht alle. Helfen Sie ihm!

– 12,0 Liter – 0,2 Liter – Rehoboam – 0,75 Liter – Nebukadnezar – 6,0 Liter – halbe Flasche – 3,0 Liter – – Magnum – Salmanasar –

Flaschenbezeichnung	Inhalt	Flaschenbezeichnung	Inhalt
Viertelflasche			4,5 Liter
	0,375 Liter	Methusalem	
Normalflasche			9,0 Liter
	1,5 Liter	Balthasar	
Jeroboam			15,0 Liter

Die weiteren Bezeichnungen

1er cru = besonders gute Lage > staatlich ausgezeichnet
Clos de Mesnil = alle Trauben aus dieser besonderen Lage
Blanc de Noir = Champagner darf aus 5 Rebsorten hergestellt werden, davon sind 4 rote Rebsorten. Werden diese roten Reben zu weißem Champagner verarbeitet, darf er mit Blanc de Noir gekennzeichnet werden.
Cristall = Flasche mit geradem Boden aus Kristallglas – Besonderheit bei Fa. Roederer

LERNSITUATION: ENTWURF DER GETRÄNKE-SONDERKARTE FÜR DEN SILVESTERBALL
Thema: Öffnen und Servieren von Sekt & Champagner

Aufgabe 3:

Paul möchte in Anbetracht der Einkaufspreise unbedingt sicherstellen, dass alle Mitarbeiter die edlen Tropfen auch fachgerecht servieren. Er gestaltet deswegen ein Informationsblatt für seine Kollegen.

Beschreiben bzw. erklären Sie die dargestellten Arbeiten, sodass unkundige Kollegen und Aushilfen Ihre Worte verstehen und umsetzen können.

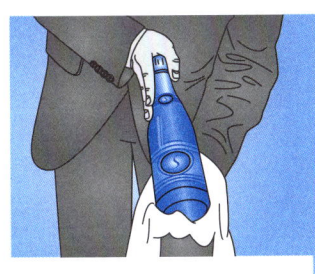

1. _____

2. _____

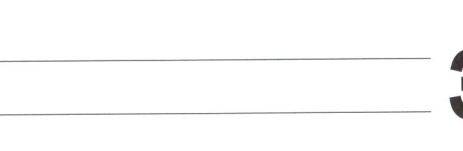

3. _____

4. _____

5. _____

6. _____

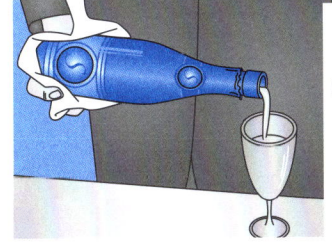

7. _____

110 LERNSITUATION: ENTWURF DER GETRÄNKE-SONDERKARTE FÜR DEN SILVESTERBALL
Thema: Rätselspaß mit Schwips

Aufgabe 4:

waagerecht:

1. Stände jeder Kegel für einen Liter, so wäre hierfür Platz unter diesem Namen.
2. Französische Geschmacksbeschreibung für Champagner – gibt's nicht in jeder Sprache.
3. Kollege von 1 waagerecht – größer gibt es keine!
4. Bei Menschen ein Ausdruck für besonders alt – hier natürlich mit anderem Sinn.
5. Deutsche Variante des edlen Getränkes – immer ein Qualitätsschaumwein!
6. Recht kleiner Bruder von 1, 3 und 4 waagerecht.
7. Billige Variante von 5 waagerecht – nur mit CO_2 versetzt.
8. Süß darf man nicht sagen – auf französisch klingt es einfach besser.
9. Der hat's erfunden – ohne hier Namen nennen zu wollen!
10. Ohne selbige, und das zum zweiten mal, gibt es kein hochwertiges Prickelerlebnis!
11. Ohne sie wäre die Flasche nicht ganz voll und der Inhalt ziemlich staubig!

senkrecht:

1. Hochwertiges Zeit- und Kostensparverfahren.
2. Wenn Sie 12 Liter für Ihre Party benötigen: Den müssen Sie einladen!
3. Natürlicher Verschluss: Hält hohen Druck und will immer liegen.
4. Drahtkorb zum Halten von 3 senkrecht – Fachbegriff.
5. Fachbegriff für das Herausschleudern der Hefe.
6. Flüchtiger Freund aller Genießer.
7. So nennt man den Inbegriff des prickelnden Luxus – in der EU nur die Franzosen.
8. Wenn ein besonders gutes Jahr war, wird 9 senkrecht nicht gemacht – das steht dann auf dem Etikett.
9. Damit eine Marke auch immer gleich schmeckt, werden die Grundweine zur … verschnitten.
10. Oberbegriff für alle schäumenden Weine.
11. Das darf der deutsche Hersteller verwenden, wenn er sich an die beste, französische Manier hält.

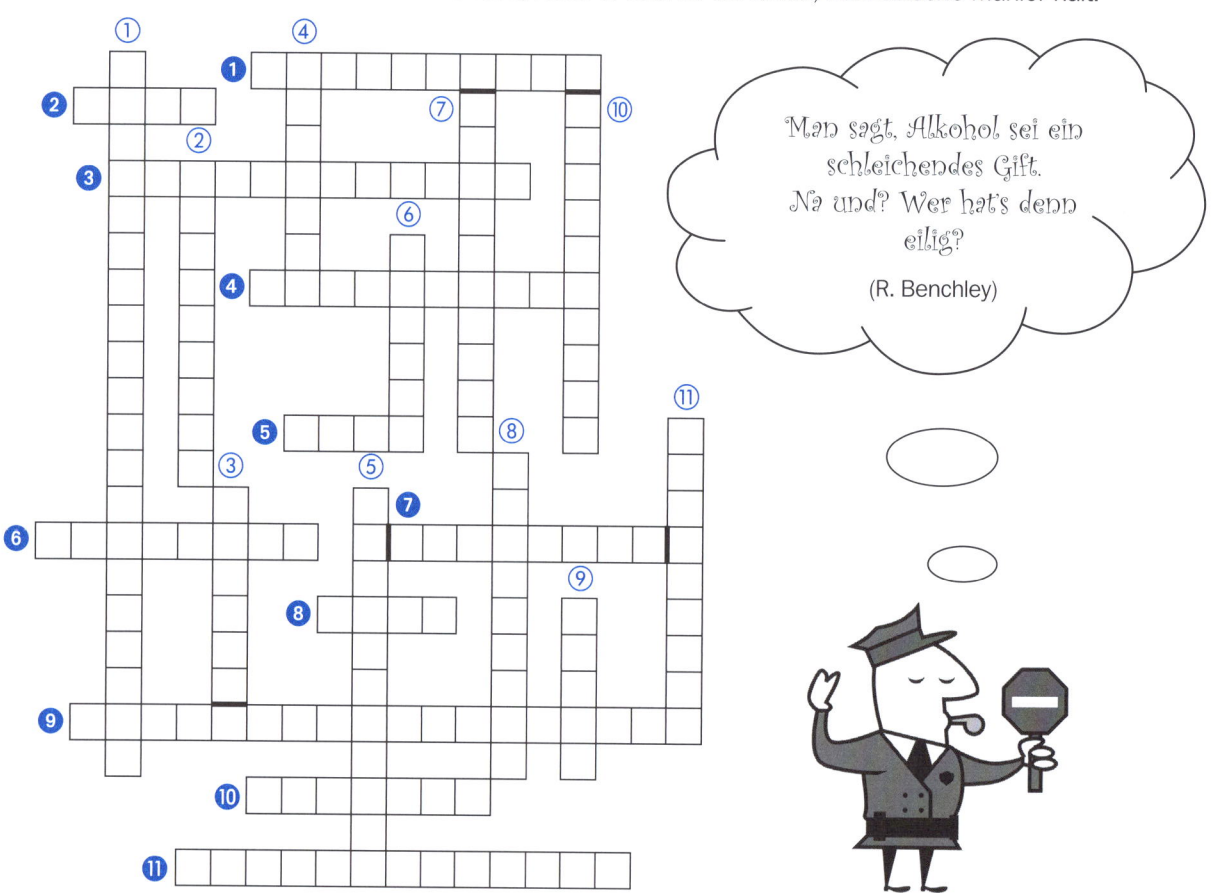

Man sagt, Alkohol sei ein schleichendes Gift. Na und? Wer hat's denn eilig?

(R. Benchley)

LERNSITUATION: ANSCHAFFUNG UND BESTÜCKUNG EINES DIGESTIFWAGENS
Thema: Destillation von Spirituosen

Situation

Zu den Vorschlägen für einen verbesserten Getränkeverkauf im Restaurant gehört auch der Vorschlag von Peter und Amanda, einen Digestifwagen anzuschaffen. Die Idee ist es, dass den Gästen „Appetit" gemacht wird durch das Betrachten eines attraktiven Angebotes, das zum Gast hingefahren wird, anstatt nur einfach eine Digestifkarte zu reichen. Die Beratung am Digestifwagen soll die Verkaufszahlen verbessern, doch ist Information und Schulung dringend notwendig!

Aufgabe 1:

Peter möchte für das Office, wo alle Service-Mitarbeiter beim Polieren und Vorbereiten viel Zeit verbringen, zwei Plakate anbringen, auf denen die Herstellung von Spirituosen erklärt wird. Helfen Sie ihm bei der Erstellung!

Herstellung von Spirituosen:

Beim Destillieren nutzt man die Tatsache, dass

Wasser bei _____

höhere Alkohole (Fuselöle) ab ca. _____

Aromastoffe ab ca. _____

Ethanol = genießbarer Alkohol bei _____

Methanol = stark giftiger Alkohol bei _____

sieden und verdampfen, sodass sich die für die Genusszwecke erwünschten von den unerwünschten oder schädlichen Bestandteilen trennen lassen.

Peter hat dummerweise seine vorbereiteten Karteikarten in der Tasche lose transportiert. Nun sind sie durcheinander geraten. Helfen Sie ihm, sie richtig zu sortieren!

78,3 °C   80 °C

78,5 °C   100 °C

65 °C

Peter möchte eine Destillationsanlage darstellen, die er aus dem Chemieunterricht kennt. Eine Grafik dazu hat er auch gefunden, doch fehlt nun noch die korrekte Beschriftung:

① _____
② _____
③ _____
④ _____
⑤ _____
⑥ _____
⑦ _____

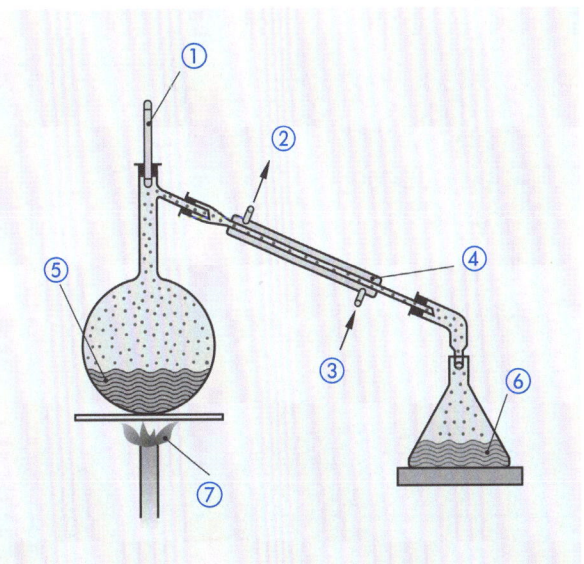

112 LERNSITUATION: ANSCHAFFUNG UND BESTÜCKUNG EINES DIGESTIFWAGENS
Thema: Herstellung von Spirituosen

Aufgabe 2:

Amanda ergänzt Peters Schautafeln um ein Plakat, das den Weg zu den vielfältigen Spirituosen im Angebot des Restaurants darstellt. Allerdings ergänzt sie die Herstellung um Details, die bei der Beratung des Gastes hilfreich sein könnten. Ergänzen Sie die fehlenden Angaben:

Rohstoffe

alkoholhaltig	zuckerhaltig	stärkehaltig
⇒ Trester	⇒ Obst	⇒ Getreide
⇒ _____	⇒ _____	⇒ _____

Abbau der Stärke zu Zucker durch z. B. Mälzen (Whisky)

1. Destillation = Raubrand/Rohbrand enthält noch:

⇒ große Mengen Methanol und _____
⇒ _____

2. Destillation = Feinbrand sauberes Abtrennen von:

	Vorlauf	Mittellauf	Nachlauf
		= 	
mehrfache Destillation:			
für:	enthält:	enthält:	enthält:
⇒ Liköre	_____	_____	⇒ _____
⇒ _____	⇒ _____	⇒ _____	⇒ unerwünscht

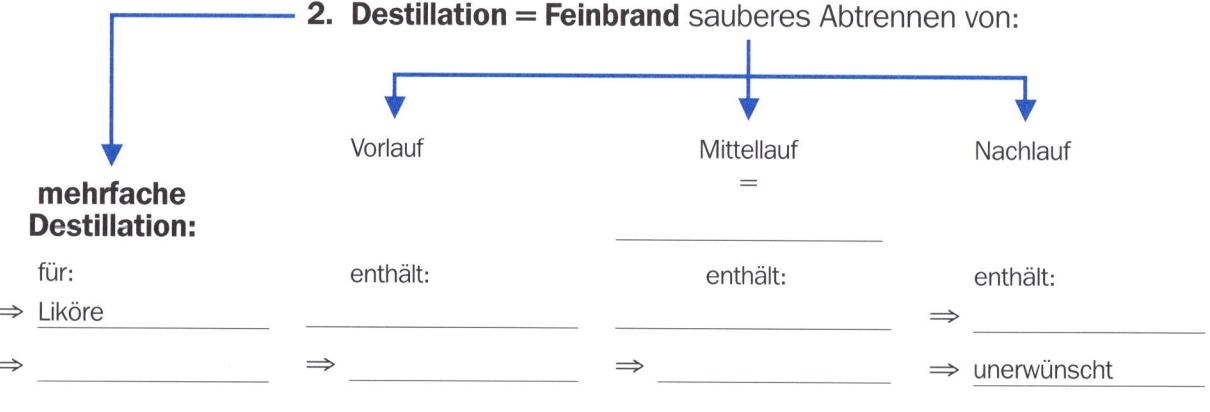

LERNSITUATION: ANSCHAFFUNG UND BESTÜCKUNG EINES DIGESTIFWAGENS
Thema: Cognac – Herkunft, Qualitätsparameter, Bezeichnungen

Aufgabe 3:

Alle Auszubildenden sind sich einig, dass ein „guter Cognac" als Klassiker auf dem Digestifwagen vorhanden sein muss. Beim Blick in die Angebotslisten des Lieferanten schlägt die gemeinsame Vorfreude über eine einfache Wahl in Verzweiflung um: Es gibt reihenweise verschiedene Sorten und Qualitäten. Also zurück zu den Büchern! Amanda findet eine Kurzbeschreibung – vervollständigen Sie die Angaben mithilfe Ihres Fachbuches:

Cognac: Eine geschützte Herkunftsbezeichnung für Weinbrand aus der Charente, deren Mittelpunkt die Stadt Cognac ist. Die Charente ist in sechs Produktionszonen eingeteilt; die feinsten Sorten kommen aus der Kernzone.

Ordnen Sie den Produktionszonen 1 bis 6 in der Grafik die passenden Namen zu:

1 _____
2 _____
3 _____
4 _____
5 _____
6 _____

Qualitätsstufen von Cognac

nach der Herkunft der Ausgangsweine		nach der Mindestlagerdauer des jüngsten zum Verschneiden mitverwendeten Destillats:		
		Bezeichnung	Mindest-lagerdauer[1]	Durch-schnittliche Lagerdauer
Ohne besondere Kennzeichnung	Ausgangsweine aus dem gesamten geographischen Bereich	V.S. *** = _____	_____ Jahre	5 bis _____ Jahre
Fine Champagne	Mindestens _____ der Ausgangsweine aus der _____, der Rest aus der _____	V.S.O.P. = _____	_____ Jahre	_____ Jahre
Grand Champagne	Alle Ausgangsweine aus der _____	X.O., _____, Extra, Grande Réserve, Napoléon Hors d'Age	_____ Jahre über _____ Jahre Älter als _____	über _____ Jahre

[1] Quelle: SOPEXA, Weine und Spirituosen aus Frankreich, o.O. 1990, S. 85 Centre d' Information du Cognac

Bekannte Marken sind: _____

LERNSITUATION: ANSCHAFFUNG UND BESTÜCKUNG EINES DIGESTIFWAGENS
Thema: Weinbrände: Arten, Qualitäten, Herkunft

Aufgabe 4:

Peter möchte neben dem berühmten Cognac auch andere Weinbrände anbieten. Er möchte seinen Kollegen mehrere Vorschläge machen. Ergänzen Sie die fehlenden Angaben:

Deutscher Branntwein

| Fasslagerung | sechs Monate | 36 | Flaschenlagerung | verschnitten | zwölf Monate |

ist ein durch Destillation von Wein gewonnener Branntwein. Die Mindestreifezeit beträgt _____ bzw. bei einem Fassfassungsvermögen von über 1000 Litern _____.

Der Alkoholgehalt beträgt mindestens _____ %-Vol.

Das Alter des Branntweines kann dem Gast nie genau gesagt werden; die drei Gründe hierfür sind:

1. Auf den Etiketten der Spirituose ist nie ein Jahrgang angegeben.
2. Für das Alter eines Brandes zählen nur die Jahre der _____ und nicht auch noch die Jahre der _____.
3. Um eine immer gleiche Qualität des Produktes zu garantieren, werden viele Brände aus mehreren Jahrgängen _____.

Bekannte deutsche Weinbrände sind: _____

Brandy

ist ein Weinbrand vor allem aus südeuropäischen Ländern. Bekannte Marken sind:

⇒ Carlos I., Osborne u.a.   aus _____
⇒ Antiqua V.S.O.P.   aus _____
⇒ Stock 84, Vecchia Romagna   aus _____
⇒ Metaxa 3 *** bis 7 *******   aus _____

Armagnac

| Qualität | Platten | Pflaumen | Jahr | Geschmacksstoffe | 5 | Jahrgangs | Charente | Weine | Röhren |
| Haselnüssen | Destillat | 4 | Duftstoffe | Kräutern | jüngste | Produktes | 5 | Gascogne |

ist eine geschützte Herkunftsbezeichnung für Branntweine aus Wein der Gascogne. Ein für die Destillation raffiniertes System aus durchlöcherten _____ und _____ sorgt dafür, dass Armagnac besonders viele _____ und _____ des Mostes enthält. Zudem darf der zu brennende Wein mit _____, _____ und _____ versetzt werden. Diese verleihen dem Armagnac seinen besonderen Geschmack und sein ausgeprägtes Aroma.

Armagnac besteht meist nicht aus dem Weinbrand eines einzigen _____. Es werden verschiedene Jahrgänge miteinander verschnitten, um eine möglichst hohe und gleichbleibende _____ des _____ zu erreichen. Daneben gibt es eine große Anzahl von Jahrgangs-Armagnacs („millésimes"). Ist ein Jahrgang auf der Flasche angegeben, müssen alle _____ aus diesem _____ stammen. Setzt sich das Destillat aus Bränden mehrerer Jahre zusammen, ist für die Altersangabe auf dem Etikett immer das _____ in dem Armagnac verwendete _____ entscheidend. Neben einem eventuell angegebenen Jahrgang kann auf dem Etikett zu lesen sein:

Sélection   3 Jahre Fasslagerung
Grand Sélection   ___ Jahre Fasslagerung
Réserve, V.S.O.P.   }
Napoléon, Vieux   } ___ Jahre Fasslagerung
Hors d'age, X.O.   über ___ Jahre Fasslagerung

Bekannte Marken sind: _____

LERNSITUATION: ANSCHAFFUNG UND BESTÜCKUNG EINES DIGESTIFWAGENS
Thema: Weinbrände: Arten, Qualitäten, Herkunft; Obstbrände

Eau-de-vie de vin

ist die Bezeichnung für den französischen Weinbrand, der nicht aus dem Gebiet der _____ und der _____ kommt. Vielfach wird bei Eau-de-vie de vin das Herkunftsgebiet zusätzlich genannt; z. B. … de la Marne

Trester oder Tresterbrand

Rotweintrester   Pressen   Grappa   gären   Marc   Trester   Traubenrückstände
Träsch   Trester   Weinbereitung

Trester wird nicht aus Wein, sondern aus den _____ gebrannt, die bei der _____ nach dem _____ zurückbleiben. Die Weißweinrückstände müssen noch vier bis sechs Wochen lang _____, während die meisten _____ schon vergoren sind.

Diese Edelbrände werden in Deutschland unter dem Namen _____ angeboten. In Frankreich heißen sie _____; in der Schweiz ist es der _____, Österreicher bezeichnen den Brand ebenfalls als _____, und aus Italien kommt der _____ .

Aufgabe 5:

Paul findet Obstbrände besonders wichtig: Seiner Erfahrung nach kann man Gäste für einen schönen Obstbrand immer begeistern. Schon immer hat ihn interessiert, warum es verschiedene Bezeichnungen gibt. Ordnen Sie den verschiedenen Bezeichnungen das entsprechende „Ausgangs"-Obst zu:

Obstbrände werden nach drei unterschiedlichen Verfahren hergestellt:

a) durch Destillation von Obstwein
b) durch Destillation vergorener, zuckerreicher Früchte
c) mit Alkohol werden die Aromastoffe der ganzen unvergorenen Früchte ausgezogen.

Gruppe A Apfel-, Birnenbrand	Gruppe B Obstwasser	Gruppe C Obstgeist

Ordnen Sie nachfolgendes Obst und andere Früchte in die oben gestaltete Tabelle ein:

Marille   Birne   Brombeere   Heidelbeere   Himbeere   Holunder   Kirsche   Mirabelle   Pflaume
Quitte   Schlehe   Williamsbirne   Zwetschge.

LERNSITUATION: ANSCHAFFUNG UND BESTÜCKUNG EINES DIGESTIFWAGENS
Thema: Getreidebrände: Herstellung; Herkunft bekannter Spirituosen

Geiste macht man aus den Früchten, aus denen auch kein Saft hergestellt werden kann!

Über den Ursprung des Whisk(e)y streiten Iren und Schotten bis heute. Die Iren nennen ihn Whiskey, die Schotten Whisky. Die Amerikaner lernten das Brennen von den Iren, die Kanadier von den Schotten – daher auch die jeweilige Schreibweise.

Aufgabe 6:

Luise will nun von den anderen wissen, welche Spirituosen eigentlich aus Getreide hergestellt werden: „Die schmecken doch nach nix!", meint sie. Peter ist da ganz anderer Ansicht und gibt ihr folgende Tabelle zum Ergänzen:

Buchweizen, Gerste, Hafer, Hirse, Mais, Reis, Roggen, Weizen sowie Getreide- oder Biertrester können die Basis für Getreidedestillate sein.

Ordnen Sie nachfolgenden Destillaten die Grundprodukte sowie soweit möglich Aromageber zu:

Destillat			Grundprodukte (Getreide/Kartoffeln):	Aromageber
Whisky & Whiskey	Scotch Whisky	Malt		
		Grain		
		Blended		
	Irish Whiskey			
	American Whiskey			
	Canadian Whisky			
Genever				
Gin				
Aquavit				
Wodka				
Korn				
Kümmel				

LERNSITUATION: ANSCHAFFUNG UND BESTÜCKUNG EINES DIGESTIFWAGENS
Thema: Herkunft internationaler Spirituosen; Markennamen

Aufgabe 7:

Im Hotel Europa ist eine Vielzahl von Spirituosen „gelistet", d.h. sie werden bereits bei verschiedenen Lieferanten geordert. Paul und Amanda wollen für die geplanten Spezialitätenwochen „Quer durch Europa" jeweils passende Spirituosen zusammenstellen und müssen feststellen, dass es schwierig ist, anhand der Markennamen die Herkunft zu bestimmen.

Wissen Sie, was woher kommt?

| Metaxa   Camus   Glenfiddich   Linie Aquavit   Steinhäger   Seagram's Gin   Laphroaig   Malteserkreuz |
| Bols Genever   Gordon's Dry Gin   Pernod   Fernet Branca   Irish Mist |
| Grand Marnier   Crème de Cacao   Amaretto di Saronno   Sambuca   Ouzo   Galliano   Chartreuse |
| Advocaat   Underberg   Cardenal Mendoza   Pastis   Vodka Absolut   Jameson   Grappa Nonino |
| Otard   Clés des Ducs   Vecchia Romagna   Ballantine's   Doornkaat   Carlos I. |

LERNSITUATION: ANSCHAFFUNG UND BESTÜCKUNG EINES DIGESTIFWAGENS
Thema: Liköre: Geschmacksrichtungen – bekannte Namen

Aufgabe 8a:

Luise möchte die Liste von Paul und Amanda um einige bekannte Liköre erweitern und überlegt, ob man mit ihnen nicht ein ansprechendes Display im Restaurant aufstellen kann. Helfen Sie ihr beim Sortieren!

Drambuie	Cherry Heering	Marie Brizard	Grand Marnier	Averna	Danziger Goldwasser	Tia Maria
Jägermeister	Kahlúa	Underberg	Amaretto di Saronno	Boonekamp	Bailey's Irish Cream	
Batida de Coco	Chartreuse	Cointreau	Crème de Cacao	Crème de Cassis	Crème de Menthe	
Crème de Mocca	D.O.M. Bénédictine	Eierlikör Advocaat	Fernet Branca	Fernet Menta	Galliano	

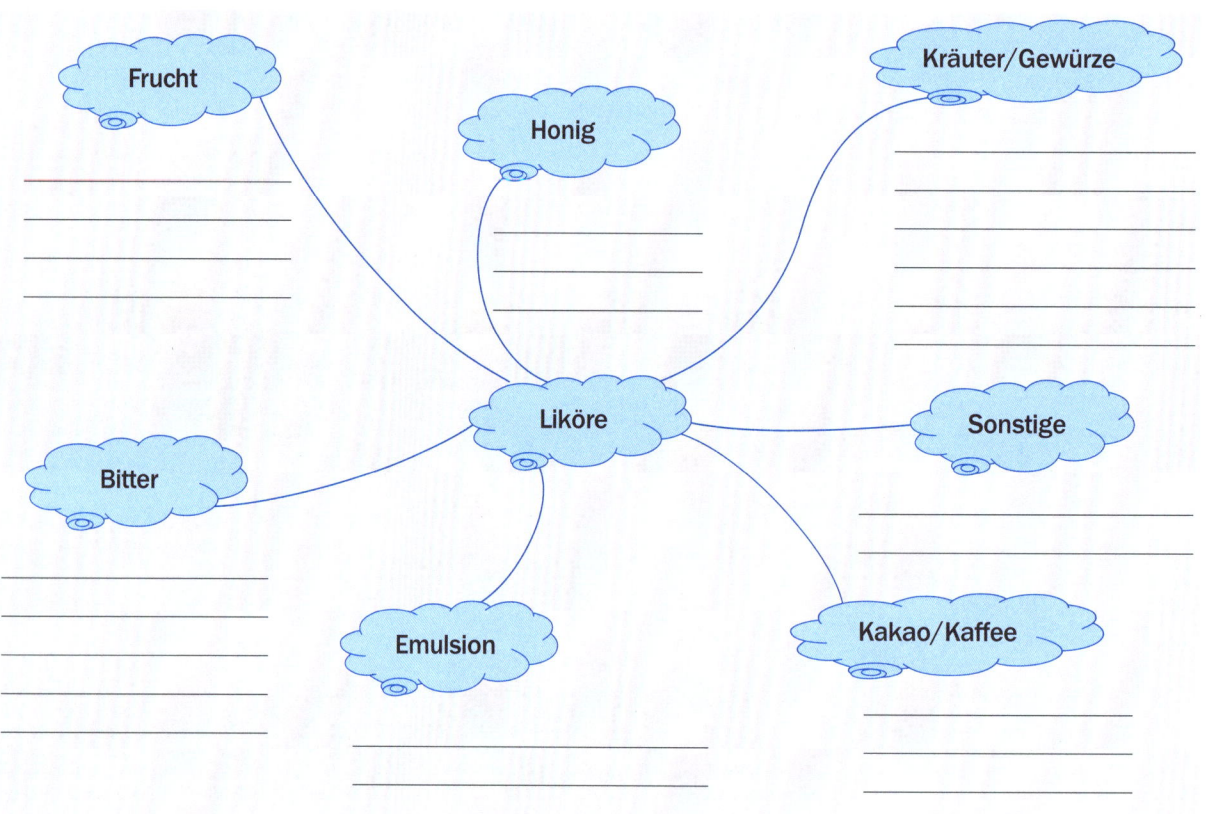

Aufgabe 8b:

Luise ist nicht sicher, was wonach schmeckt! Versuchen Sie zuzuordnen (aus Aufgabe 8):

Likör	Farbe	Vol.-%	Aroma
	gelb/grün	40 Vol.-% 55 Vol.-%	Edellikör aus Kräutern, Gewürzen & Orangenschale aus Frankreich
	dunkelgrün	30 Vol.-%	Kräuterlikör (Pfefferminze) aus Frankreich
	bernsteinfarben	43 Vol.-%	Edellikör aus Kräutern und Gewürzen aus Frankreich
	dunkelbraun	42 Vol.-%	Magenbitter aus Italien
	gelb	35 Vol.-%	aus 70 verschiedenen Kräutern und Gewürzen mit ausgeprägtem Vanillegeschmack aus Italien
	dunkelbraun	26,5 Vol.-%	Kaffee-Edellikör aus Tequila und Kaffeebohnen aus Mexiko
	dunkelbraun	31,5 Vol.-%	Kaffee-Edellikör aus Rum und Kaffee aus Jamaika

LERNSITUATION: ANSCHAFFUNG UND BESTÜCKUNG EINES DIGESTIFWAGENS
Thema: Tipps für den Digestifwagen; Trinktemperaturen

Aufgabe 9:

Der Spirituosenwagen soll nun endlich bestückt werden. Der Restaurantleiter gibt noch einige mahnende Worte mit auf den Weg:

Weniger kann mehr sein!
Den Wagen nicht überladen – das wirkt unübersichtlich und überfordert den Gast (und die Servicekraft).

Alles muss vor Ort sein!
Alle benötigten Dinge müssen auf dem Wagen Platz finden – hektisches Hin und Her stört das Verkaufsgespräch und wirkt unprofessionell.

Amanda versteht die Hinweise sofort: Spirituosen und Gläser müssen auf den Wagen – und das ausschließlich bei Zimmertemperatur! Peter erinnert sich an eine Übersicht, die er in der Main-Service-Bar gesehen hat. Ergänzen Sie (bitte eintragen – Spirituosen, aber auch Saftdrinks, Weine und Schaumweine):

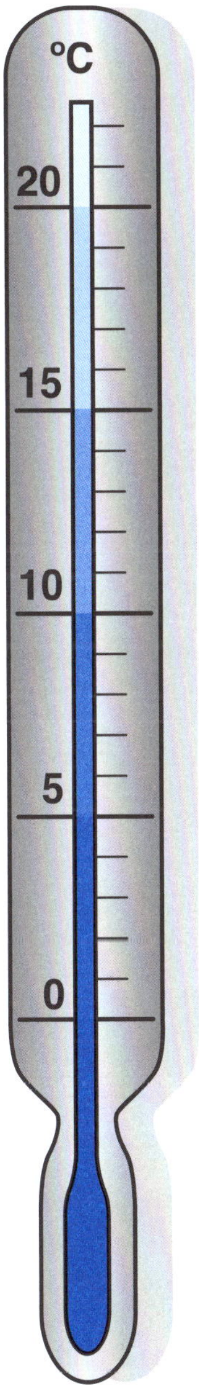

Ergänzen Sie auch andere Getränke!

LERNSITUATION: ANSCHAFFUNG UND BESTÜCKUNG EINES DIGESTIFWAGENS
Thema: Passende Gläser, Auswahl geeigneter Spirituosen

Aufgabe 10:

Nachdem die erste Hürde genommen ist, müssen nun geeignete Spirituosen und die dazugehörigen Gläser zusammengestellt werden. Machen Sie einen geeigneten Vorschlag, und ordnen Sie die passenden Gläser jeweils zu:

Spirituose (Markenname)	Glas

PRÜFUNGSAUFGABEN GETRÄNKESERVICE

Testen Sie Ihr Wissen:

1. Welche der folgenden Aussagen trifft auf Brände zu?
   ① … sind Spirituosen, deren Geschmack durch Vergären entsteht.
   ② … sind Spirituosen, deren Alkohol durch Vergären entsteht.
   ③ … sind Spirituosen, deren Alkoholgehalt und Geschmack durch Vergären und anschließendes Destillieren entsteht.
   ④ … sind Spirituosen, deren Geschmack durch Destillieren entsteht.
   ⑤ … sind Spirituosen, deren Alkohol durch Destillieren entsteht.

   2 Punkte

2. Ergänzen Sie die Aussage: Deutscher Branntwein ist ein durch Destillation von Wein gewonnener Branntwein. Die Mindestreifezeit beträgt
   ① … bei einem Fassfassungsvermögen von 601 Liter sechs Monate.
   ② … bei einem Fassfassungsvermögen von 701 Liter sieben Monate.
   ③ … bei einem Fassfassungsvermögen von 801 Liter acht Monate.
   ④ … bei einem Fassfassungsvermögen von 1001 Liter zehn Monate.
   ⑤ … bei einem Fassfassungsvermögen von 1001 Liter zwölf Monate.

   6 Punkte

3. Eau-de-vie de vin ist die Bezeichnung für den französischen Weinbrand,
   ① der aus dem Gebiet der Gascogne und der Charente kommt.
   ② dessen Alkoholgehalt mindestens 48 Vol.-% beträgt.
   ③ dessen Alkoholgehalt unter 30 Vol.-% liegen muss.
   ④ der nicht aus dem Gebiet der Gascogne und der Charente kommt.
   ⑤ dessen Alkoholgehalt 40 Vol.-% beträgt.

   6 Punkte

4. Sie lesen auf dem Etikett einer Cognacflasche V.S.O.P. Welche der nachfolgenden Aussagen trifft auf V.S.O.P. zu?
   ① Die durchschnittliche Lagerdauer beträgt 12 bis 20 Jahre.
   ② Die durchschnittliche Lagerdauer beträgt über 20 Jahre.
   ③ Mindestens 50% der Ausgangsweine kommen aus der Grande Champagne, der Rest aus der Petite Champagne.
   ④ Die Ausgangsweine können aus dem gesamten geographischen Bereich der Charente kommen.
   ⑤ V.S.O.P. steht für **V**ery **s**uperior **o**ld **p**ale

   6 Punkte

5. Welcher der nachfolgenden Aussagen stimmen Sie zu?
   ① Es ist eine Unsitte, die Cognacgläser anzuwärmen; die feinen Aromen werden dadurch zerstört!
   ② Calvados gewinnt man in der Normandie aus Apfelwein. Die goldene Farbe erhält er durch Lagerung in ausgedienten Cognacfässern!
   ③ Zur Gruppe der Tresterbrände gehören Marcs, Pisco und Acquavite d'Uva.
   ④ Ouzo ist eine anishaltige Spirituose und muss in Griechenland hergestellt sein.
   ⑤ Korn hat mindestens 37,5 Vol.-% Alhohol.

   6 Punkte

6. Ordnen Sie nachfolgenden Marken ihr Herkunftsland zu:
   ① Jim Beam
   ② Jack Daniels
   ③ Johnnie Walker
   ④ Macallan
   ⑤ Canadian Club
   ⑥ Bushmill
   ⑦ Seagram's
   ⑧ Tullamore Dew

   Irland
   Schottland
   Amerika
   Kanada

   8 Punkte

PRÜFUNGSAUFGABEN GETRÄNKESERVICE

7. Es gibt Spirituosen aus Obst, die mit „Wasser" und andere Produkte, die als „Geist" bezeichnet werden. Welche der nachfolgenden Erklärung(en) sind richtig?
   ① Sobald man Obstmost vergärt und destilliert, erhält man Obstbranntwein. Wird nur eine Obstart gebrannt, so darf der Name der Frucht mit „Wasser" verwendet werden.
   ② Beeren enthalten wenig Zucker, der in Alkohol umgewandelt werden könnte. Sie werden darum in Alkohol eingelegt, damit so die Geschmacksstoffe entzogen werden können. Diese aromatische Flüssigkeit wird dann destilliert. So erhält man den „Geist".
   ③ Die unterschiedliche Benennung beruht auf einer Vereinbarung der Produzenten und war in den 60ern eine Marketingstrategie.
   ④ Im „… geist" steckt der Geist des Weines.
   ⑤ Bei dieser Getränkegruppe wird Alkohol, der aus Getreide gewonnen ist, geschmackgebendes Obst zugefügt.

   6 Punkte

8. Neben Zucker enthalten Liköre zusätzliche, geschmackgebende Rohstoffe wie zum Beispiel Eier, Fruchtsäfte, Gewürze, Kaffee, Kakao, Milch, Nüsse, spezielle Aromen und Weine. Generell unterscheidet man nicht
   ① Liköre mit Fruchtsaft (als Beispiel Cherry Brandy)
   ② Liköre mit Auszügen von Früchten (Apricot Brandy, Grand Marnier)
   ③ Liköre mit Kräutern und Gewürzen (Pfefferminz, Allasch)
   ④ Emulsionsliköre (Eierlikör)
   ⑤ Liköre mit teilentrahmter(Mager-)Milch (Bananenlikör, Kokosnusslikör)

   4 Punkte

9. Welche gesetzlichen Bestimmungen gelten für den Verkauf von Spirituosen an Minderjährige?
   ① Das Jugendschutzgesetz verbietet nur den Verkauf von Spirituosen an Kinder und Jugendliche. Sonstige Abgaben, z.B. ein Glas im Restaurant bei einer Familienfeier, ist per Gesetzestext nicht verboten.
   ② Das Jugendschutzgesetz verbietet nur den Verkauf von Spirituosen an Kinder und Jugendliche für deren Eigenbedarf. Als Bote für Erwachsene können Kinder und Jugendliche Spirituosen kaufen.
   ③ Die Abgabe von branntweinähnlichen Getränken (z.B. Partydrinks, soweit sie Spirituosen enthalten) ist an Kinder und Jugendliche laut Jugendschutzgesetz nicht erlaubt.
   ④ Wein und Bier dürfen an Jugendliche über 16 Jahre[*1] ohne Einschränkung abgegeben werden.
   ⑤ Likörpralinen dürfen an Jugendliche über 16 Jahre[*1] ohne Einschränkung abgegeben werden.
   *) Stand Juli 2006

   8 Punkte

10. Welche Serviertemperaturen treffen für die folgenden Spirituosen zu?
    ① 18 bis 21 °C   a) Single Malt Whisky
    ② 11 bis 15 °C   b) Pernod
    ③ 6 bis 9 °C   c) Aquavit
    ④ 0 bis –2 °C   d) Tequila
                               e) Armagnac
                               f) Obstler
                               g) Bailey's Cream
                               h) Wodka
                               i) Ziegler Williams Christ

    18 Punkte

Bewertung (nach IHK):

| 70–64 Punkte | sehr gut | 56–47 Punkte | befriedigend | 34–21 Punkte | mangelhaft |
| 63–57 Punkte | gut | 46–35 Punkte | ausreichend | 20– 0 Punkte | ungenügend |

LERNSITUATION: EINGEHEN AUF SPEZIELLE GÄSTEWÜNSCHE UND -BEDÜRFNISSE
Thema: Länderspezifische Gästewünsche, internationales Angebot

123

Situation

Das Hotel Europa hat einen neuen F & B-Direktor. Nach einer kurzen Einarbeitungszeit beschließt er, das Frühstück im Hotel zu internationalisieren. Der letzte Eindruck des Gastes im Hotel ist das Frühstück – deswegen soll die Verbesserung des Angebotes hier beginnen. Ziel soll es sein, den internationalen Gästen des Hauses durch ein vielseitiges Frühstücksangebot eine Verbundenheit auszudrücken und das Hotel als „Heim auf Zeit" darzustellen.

Aufgabe 1a:

Bei der Neugestaltung des Frühstücksangebotes zeigt sich schnell, dass Informationen über länderspezifische Frühstücksvorlieben fehlen. Nachdem man sich auf eine Liste von zu berücksichtigenden Gästegruppen geeinigt hat, bietet sich Amanda an, die Informationen zu beschaffen. Welche Informationsquellen sind für eine Recherche geeignet?

⇒ Fachbücher

⇒ _____

⇒ _____

⇒ _____

⇒ _____

⇒ _____

Aufgabe 1b:

Amanda beschränkt sich zunächst auf die europäischen Länder. Versuchen Sie, für die folgenden Länder typische Frühstücksgerichte zu finden. Speisen und Getränke, die in ganz Europa Bestandteil eines Frühstücks sind, tragen Sie bitte in die rechte Spalte ein:

Land	Spezialitäten	für alle
Dänemark (Skandinavien)		Kaffee/Tee Orangensaft Brötchen/Brot
Niederlande	– Haferflockenbrei – Honigkuchen – Borkenschokolade/Schokostreusel – Karamellsirup	
England		
Frankreich		

124 LERNSITUATION: EINGEHEN AUF SPEZIELLE GÄSTEWÜNSCHE UND -BEDÜRFNISSE
Thema: Gestaltung einer Frühstückskarte auch in einer Fremdsprache (Englisch)

Aufgabe 1c:

In den nächsten Wochen wird im Hotel Europa eine amerikanische Firma verschiedene Tagungen und Meetings durchführen. Amanda soll eine kleine Frühstückskarte zusammenstellen, die auf die erwarteten Gäste eingeht und deren Frühstücksgewohnheiten und -wünsche in besonderem Maße berücksichtigt. Selbstverständlich muss die Karte zweisprachig erstellt werden und allen Anforderungen an eine Speisekarte genügen.

Frühstück | **breakfast**

drei Pfannküchlein mit Ahornsirup
2,50 €

three little pancakes with maple syrup
4,50 €

LERNSITUATION: EINGEHEN AUF SPEZIELLE GÄSTEWÜNSCHE UND -BEDÜRFNISSE

Thema: Weitere spezielle Gästewünsche, Ideensammlung

125

Aufgabe 2:

Überlegen Sie, welche weiteren speziellen Gästewünsche als Grundlage für mehr Abwechslung auf dem Frühstücksbuffet denkbar sind. Erstellen Sie aus Ihren Überlegungen einen saisonalen „Fahrplan" für das Hotel Europa!

Januar		Juli	
1. Woche		1. Woche	
2. Woche		2. Woche	
3. Woche		3. Woche	
4. Woche		4. Woche	
Februar		**August**	
1. Woche	Karnevalsfrühstück: Katerkiller (saure Fische, Salate), Fettgebackenes (Berliner, Krapfen) Tomatensaft	1. Woche	„Bärige" Frühstücksgenüsse: Alles aus und mit Beerenfrüchten.
2. Woche		2. Woche	
3. Woche		3. Woche	
4. Woche		4. Woche	
März		**September**	
1. Woche		1. Woche	
2. Woche		2. Woche	
3. Woche		3. Woche	
4. Woche		4. Woche	
April		**Oktober**	
1. Woche		1. Woche	
2. Woche		2. Woche	
3. Woche		3. Woche	
4. Woche		4. Woche	
Mai		**November**	
1. Woche		1. Woche	
2. Woche		2. Woche	
3. Woche		3. Woche	
4. Woche		4. Woche	
Juni		**Dezember**	
1. Woche		1. Woche	
2. Woche		2. Woche	
3. Woche		3. Woche	
4. Woche		4. Woche	

Amanda ist mit ihren Ideen recht zufrieden. Paul meint allerdings, dass außer Ausprobieren wohl nichts hilft, um herauszubekommen, ob das jeweilige Angebot auch angenommen wird. Amanda ist jedoch fest davon überzeugt, dass es auch andere Wege gibt.

126 LERNSITUATION: WEINOFFENSIVE IM HOTEL EUROPA

Thema: Gästebefragung, Fragebogen

Situation

Das Hotel Europa hat seit drei Monaten einen neuen F & B-Direktor. Im aktuellen Abteilungsleiter-Meeting geht es um den Umsatz mit Weinen in den Restaurants des Hotels. Der F & B-Direktor zieht einen Vergleich zwischen den Umsätzen im Hotel Europa und den durchschnittlichen Umsätzen der anderen Hotels der Europa-Hotelkette in Deutschland: Im Haus wird im Vergleich wenig Wein verkauft und besonders wenig deutscher Wein. Dies soll sich ändern!

Aufgabe 1a:

Peter und Paul sollen den Fragebogen „Weinoffensive" für das Restaurant erarbeiten. Beide haben eine derartige Aufgabe noch nie bearbeitet und beginnen mit einer Sammlung von Ideen: Was wollen wir von unseren Gästen eigentlich wissen?

Erstellen Sie eine Mind-Map:

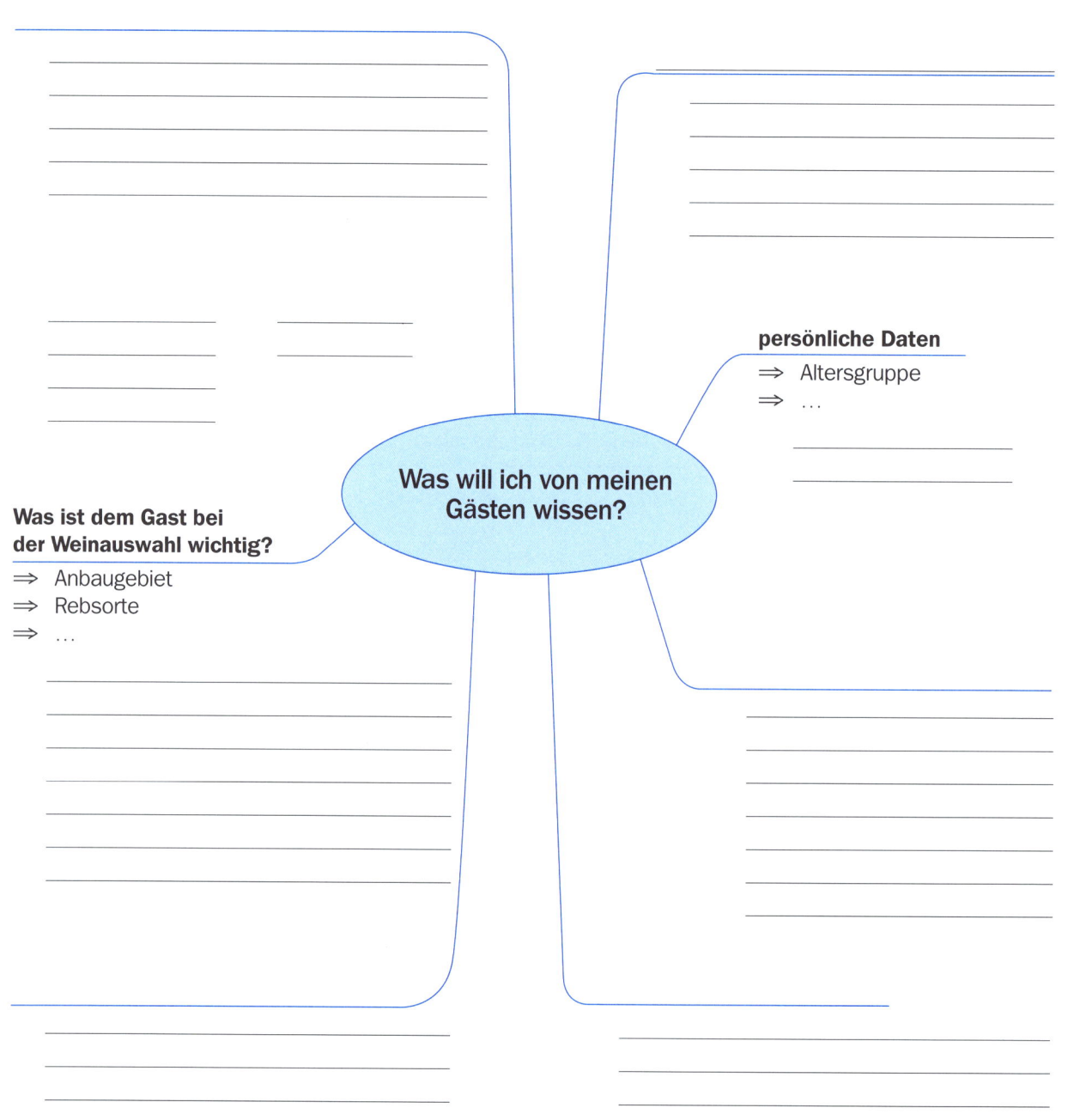

LERNSITUATION: WEINOFFENSIVE IM HOTEL EUROPA

Thema: Gästebefragung, Fragebogen

Aufgabe 1b:

Mit der Mind-Map sind Peter und Paul schon ganz zufrieden. Sie müssen allerdings noch Bewertungsschemata auswählen und werden sich dabei nicht so recht einig. Helfen Sie den beiden bei der Argumentation für bzw. gegen eine bestimmte Bewertungsart:

Art der Bewertung	Pro	Kontra
Zahlenstrahl 0 — 100	• einfach für den Gast zu bewerten • übersichtlich, optisch attraktiv	• schwierige Auswertung (zu viele verschiedene Zahlenwerte)
frei einzutragen (Text)	• detaillierte, differenzierte Antworten • Möglichkeit der persönlichen Stellungnahme	
Schulnoten		• Abstufung sinnvoll und aussagekräftig? • u. U. zu viele Antwortmöglichkeiten, verwirrend
Auswahl zum Ankreuzen	• schnelles Ausfüllen möglich, einfach • Auswahl auf eigenes Angebot begrenzt (Auswerten!)	
Vorgabe von Zahlenspannen Bsp.: Alter von 25 bis 35		• Richtige Wahl der Spanne schwierig • Keine individuelle Festlegung möglich
Gegensätze zur Abstufung Bsp: hell ☐☐☐☐ dunkel	• schnelles, einfaches Bewerten möglich • Abstufungen erleichtern Bewertung	

Aufgabe 1c:

Erstellen Sie auf der nächsten Seite einen geeigneten Fragebogen zur Weinoffensive im Hotel Europa (bei mehr Platzbedarf legen Sie zusätzliche Seiten an). Wenn möglich, arbeiten Sie dabei zunächst alleine, dann überarbeiten Sie Ihren Bogen mit einem Partner und dann überarbeiten Sie zur optimalen Lösung den Fragebogen mit einem anderen Paar.

Unter den Linden 1–10 · 10200 Berlin

Tel.: 030/453654   ·   Fax: 030/453455   ·   E-Mail: info@hotel-europa.de

LERNSITUATION: WEINOFFENSIVE IM HOTEL EUROPA
Thema: Marketing; Marketingziele

> Die Auswertung des Fragebogens hat im Hotel Europa eindeutige Ergebnisse: Die Gäste wünschen ein gutes Angebot deutscher Weine mit einer entsprechenden Beratung durch den Service, da die eigenen Kenntnisse begrenzt sind. Ein ansprechendes Angebot mit entsprechenden Empfehlungen und Produktinformationen wird vermisst, die deutschen Weine werden im Angebot von den Gästen nicht wahrgenommen.

Der neue Wirtschaftsdirektor will alle Auszubildenden an der Weinoffensive beteiligen, weil er mit der guten Vorarbeit sehr zufrieden war. Die qualitativen Marketingziele wurden von der Geschäftsleitung bereits vorgegeben:

- **Qualitative Marketingziele** (zur Orientierung des Betriebes insgesamt):
  ⇒ Wettbewerbsvorteil durch verstärkte Angebotsprofilierung schaffen
  ⇒ Bekanntheitsgrad erhöhen
  ⇒ Profilierung als „Erstes Haus am Platze" durch Angebot und Beratung

Die kurzfristigen Marketingziele werden nun gemeinsam gesteckt:
- **Inhalt:** Umsatz mit deutschem Wein im F & B-Bereich erhöhen
- **Ausmaß:** um 10 %
- **Zeit:** innerhalb von drei Monaten

Aufgabe 2a:

Peter und Paul wollen sich um die Vorarbeiten kümmern. Sie beginnen mit der Zusammenstellung der Marketinginstrumente, um gemeinsam mit den Mitauszubildenden geeignete Möglichkeiten des Marketings zu sammeln:

Marketinginstrument	Beispiel der Anwendung
Angebotsgestaltung	– dt. Wein aus allen Anbaugebieten anbieten (große Vielfalt)
	– dt. Wein gekoppelt mit Speisen anbieten (Empfehlung in der Karte)
	– dt. Wein nur in bester Qualität anbieten (Spezialitäten; Selectionsweine, Spitzenweingüter u. Ä.)
	– dt. Wein auch in Probemengen anbieten – Degustationsveranstaltungen; Degustationsmenüs etc.
Preisgestaltung	– Angebotswochen dt. Wein (preiswert & hochpreisig)
Absatzwege und Verkaufsorganisation	– Beratung durch speziell geschultes Fachpersonal
Kommunikation	– Verkaufsförderung durch Tischaufsteller

LERNSITUATION: WEINOFFENSIVE IM HOTEL EUROPA

Thema: Angebotsgestaltung

Aufgabe 2b:

Peter, Paul, Amanda und Luise sind sich uneins über die sinnvolle Angebotsgestaltung. Nach langer Diskussion schlägt Paul vor, eine gut sortierte Auswahl deutscher Weine in der Getränkekarte anzulegen und die verschiedenen Vorstellungen der Vier durch Aktionswochen zu realisieren. Alle sind begeistert! Sammeln Sie mit Ihren Kollegen Ideen für Aktionen rund um den deutschen Wein, die sich im Hotel Europa verwirklichen lassen könnten:

Peter rechnet nach: Drei Monate Zeit, das bedeutet 12 Aktionswochen!

1.	Selectionsweine – deutsche Spitzenweine entdecken
	Probieren Sie bei uns deutsche Selectionsweine und entdecken Sie Qualität!
2.	
3.	
4.	
5.	
6.	
7.	
8.	
9.	
10.	
11.	
12.	

LERNSITUATION: WEINOFFENSIVE IM HOTEL EUROPA
Thema: Angebotsgestaltung, Weinempfehlungen

Aufgabe 2c:

Der Kochauszubildende Hans möchte sich an der Weinoffensive auch beteiligen. Mit seinem Souschef hat er sich eine Reihe von Gerichten ausgedacht, zu denen bestimmte Weine gut passen könnten. Luise muss nun von der Weinliste nur noch die passenden Weine zuordnen. Verbinden Sie die zueinander passenden Speisen und Weine (Pfeile).

Speisen	Weine
Duett von geräuchertem & gebeiztem Lachs mit zweierlei Saucen, Schwarzbrot & Butter	20XXer Oberrotweiler Käsleberg Spätburgunder Weißherbst Q.b.A. trocken Kaiserstuhl, Baden
Galantine von der Maispoularde, Mayonnaisensauce, Salatbukett in Himbeervinaigrette	20XXer Heppenheimer Centgericht Dornfelder Q.b.A. trocken Hessische Bergstraße
Salat von Wildkräutern in Italian Dressing mit sautierten Champignons	20XXer Bacharacher Kloster Fürstenthal Riesling Flaschengärung brut Mittelrhein
Hausgemachte schwarze Bandnudeln in Sahnesauce mit gehobelten Trüffeln	20XXer Trierer Katzenkopf Riesling Spätlese trocken Mosel
Gegrillter Wolfsbarsch gefüllt mit Fenchel, Noilly-Prat-Butter, Nusskartoffeln	20XXer Juliusspital Silvaner Kabinett trocken Franken
Kalbsrückensteak Florentiner Art, überbacken mit Spinat und Gruyère, Kartoffelgratin	20XXer Erbacher Steinmorgen Riesling Trockenbeerenauslese Rheingau
Gebratenes Rinderfiletsteak Rossini, Vichykarotten, Kartoffelkrusteln	20XXer Bönnigheimer Sonnenberg Schwarzriesling Q.b.A. trocken Württemberg
Wildschweinpfeffer, Rotkohl, gebratene Serviettenknödel	20XXer Balthasar Spätburgunder Auslese halbtrocken Ahr
Dreierlei von der Williamsbirne Sorbet, Parfait und Tarte Tatin auf Vanillespiegel	20XX Ihringer Fohrenberg Grauburgunder Kabinett trocken Kaiserstuhl, Baden
Eisparfait Grand Marnier auf Cassissauce	20XXer Malterdinger Bienenberg Müller Thurgau Q.b.A. trocken Breisgau, Baden

LERNSITUATION: WEINOFFENSIVE IM HOTEL EUROPA
Thema: Preisgestaltung; Kalkulation; Gewinnberechnung

Aufgabe 3a:

Paul findet Hans' Idee gut. Er möchte auf der neuen Speisekarte der Woche gerne einige von Hans' Speisen aufnehmen und mit einem „Wein der Woche" verknüpfen. Dieser Wein soll dann glasweise zu einem Vorzugspreis angeboten werden.

Aufgabe 3b:

Die 0,75-Liter-Flasche Ihringer Fohrenberg Grauburgunder aus Baden soll in der 0,25-Liter-Karaffe zum Angebotspreis von 9,50 € auf der Karte stehen. Zu wie viel Euro darf der Wein maximal eingekauft werden, wenn die Vorgabe lautet: Gemeinkosten 150 %, Gewinn mindestens 25 %, Bedienungsgeld 12 % und die gesetzliche Mehrwertsteuer.

Aufgabe 3c:

Der Schwarzriesling Bönnigheimer Sonnenberg aus Württemberg kostet in der 0,75-Liter-Flasche im Einkauf 11,80 €. Paul möchte auf der Speisekarte gerne das 0,1-Liter-Probierglas zu einem Preis von 6,00 € anbieten. Berechnen Sie, ob dies mit Gewinn möglich ist (wie viel Euro und Prozent), bei einem Durchschnitts-Schankverlust von 2 %, vorgegebenen Gemeinkosten von 150 %, 12 % Bedienungsgeld und der gesetzlichen Umsatzsteuer.

LERNSITUATION: WEINOFFENSIVE IM HOTEL EUROPA
Thema: Preisgestaltung; Kalkulation; Gewinnberechnung

Aufgabe 3d:

Paul möchte auf der Speisekarte auch jeweils einen Flaschenwein zum Sonderpreis anbieten. Auf der aktuellen Karte wählt er hierfür den Riesling-Sekt vom Mittelrhein aus, der im Einkauf allerdings bereits 14,90 € kostet. Im Angebot sollten die Weine und Sekte allerdings nicht über 45 € kosten – das hatten alle vier Auszubildenden gemeinsam so festgelegt. Wie hoch ist der Gewinn in Euro und Prozent, wenn Paul den Einkaufspreis bei Großabnahme um 12,6 % senken kann und die Aufschläge gleich bleiben zur Aufgabe 3b?

Aufgabe 3e:

Peter organisiert die erste Weinverkostung im Hotel Europa. Es sollen ausgefallene und kostbare Weine aus Deutschland probiert und besprochen werden. Der Sommelier hat hierfür Restflaschen aus dem Weinlager zusammengestellt und will diese durch gezielt ersteigerte Einzelflaschen ergänzen. Der Sommelier geht davon aus, dass an dem Abend 1/3 des Couvertpreises für Speisen und 2/3 für Getränke zur Verfügung stehen. Der Küchenchef gibt den Verkaufspreis für das geplante begleitende Menü mit 22 € pro Person (1/3 Couvertpreis) an. Bisher haben sich 24 Personen zu der Veranstaltung angemeldet. Für wie viel Euro darf der Sommelier Wein ersteigern, wenn die Aufschläge aus Aufgabe 3a gelten und er bereits für 28 € pro Person (Verkaufspreis) Wein gekauft hat?

LERNSITUATION: WEINOFFENSIVE IM HOTEL EUROPA
Thema: Absatzwege und Verkaufsorganisation, Ablauforganisation

Aufgabe 4:

Peter muss die erste Weinverkostung im Hotel Europa planen und organisieren. Gemeinsam mit Luise und dem Sommelier müssen zunächst maximale Personenzahl und ein grober inhaltlicher Ablauf festgelegt werden. Der Sommelier möchte die Personenzahl je Veranstaltung gerne auf 12 Personen begrenzen, damit eine professionelle und individuelle Verkostung möglich ist. Peter und Luise sollen eine Planung der Veranstaltung skizzieren, damit der Sommelier sie mit ihnen besprechen kann.

Vervollständigen Sie die Veranstaltungsplanung mithilfe der Zeitleiste!

2 bis 3 Monate vorher:
⇒ Reservieren eines passenden Raumes
⇒ Mailing an Stammgäste mit Angebot
⇒ evtl. weitere Werbung intern & extern
⇒ falls möglich Promotionspartner suchen (Winzer, dt. Weininstitut etc.)
⇒ Bezugsquellenermittlung Wein

ca. 3 bis 4 Wochen vorher:
⇒ Weine festlegen und bestellen
⇒ Menü/Speisen mit Küchenchef festlegen
⇒ Personalschulung
⇒ Personal zusammenstellen/Dienstplan
⇒ Dekomaterialien bestellen oder reservieren (Blumen, Kerzen, Tischwäsche etc.)
⇒ genauen Ablauf des Tages festlegen (function sheet) und an Abteilungen verteilen

ca. 1 Woche vorher:
⇒ Kontrolle der bestellten Weine, Materialien
⇒ Dienstplankontrolle (kranke Mitarbeiter, Verschiebungen etc.)
⇒ Checken der Deko (alles bestellt?)
⇒ genaue Gästezahl ermitteln, bei Bedarf VA teilen (Info an Abteilungen)
⇒ Informationsmaterial zum Thema Wein zusammenstellen und vervielfältigen

1 Tag vorher:
_____
_____
_____
_____
_____

am Tag der Veranstaltung
_____
_____
_____
_____
_____

LERNSITUATION: WEINOFFENSIVE IM HOTEL EUROPA

Thema: Kommunikation; interne/externe Werbung

Aufgabe 5a:

Peter, Paul, Amanda und Luise sollen auch die Werbung für die Weinoffensive planen und geeignete Beispiele ihrem F & B-Direktor vorlegen. Peter und Paul wollen dabei die externe, Amanda und Luise die interne Werbung übernehmen. Sammeln Sie Möglichkeiten der internen und externen Werbung:

interne Werbung	externe Werbung
⇒ Tischaufsteller	⇒ Mailing

Aufgabe 5b:

Amanda und Luise schreiben zuerst Plakate mit der Aktionswochenplanung aus Aufgabe 2a. Diese sollen in der Lobby ausgehängt werden und auch als Flyer in den Zimmern ausliegen.

Für die Tische des Restaurants sollen nun zur ersten Aktionswoche einfache Tischaufsteller vorbereitet werden.

LERNSITUATION: WEINOFFENSIVE IM HOTEL EUROPA
Thema: Kommunikation, interne Werbung

Aufgabe 5c:

Da die kommenden Aktionswochen sich alle um das Thema Wein drehen, darf neues Dekorationsmaterial eingekauft werden. Amanda und Luise sollen für verschiedene Verwendungen Dekorationsartikel vorschlagen. Um ihre Vorstellungen zu verdeutlichen, skizziert Luise eine mögliche Tischdekoration und Amanda ein Display für den Zugang zum Restaurant. Beide erstellen eine Materialliste:

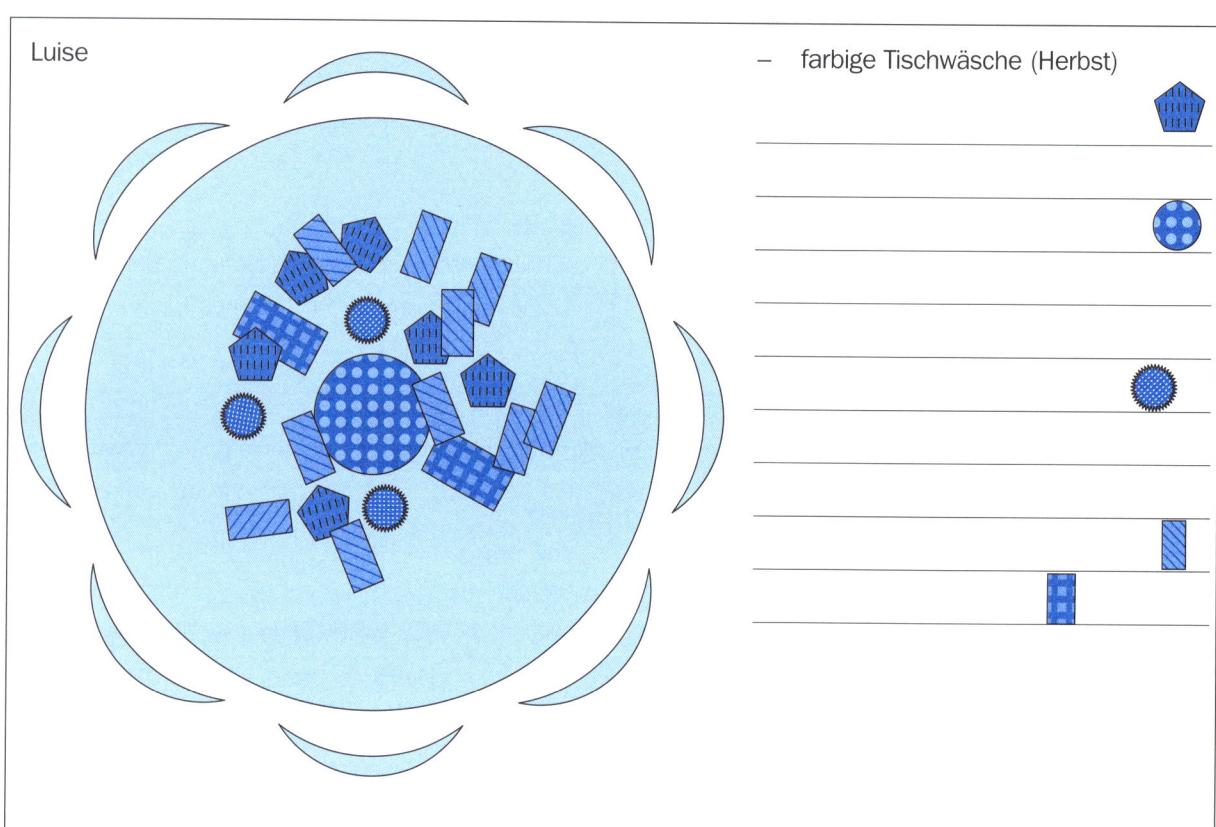

– farbige Tischwäsche (Herbst)

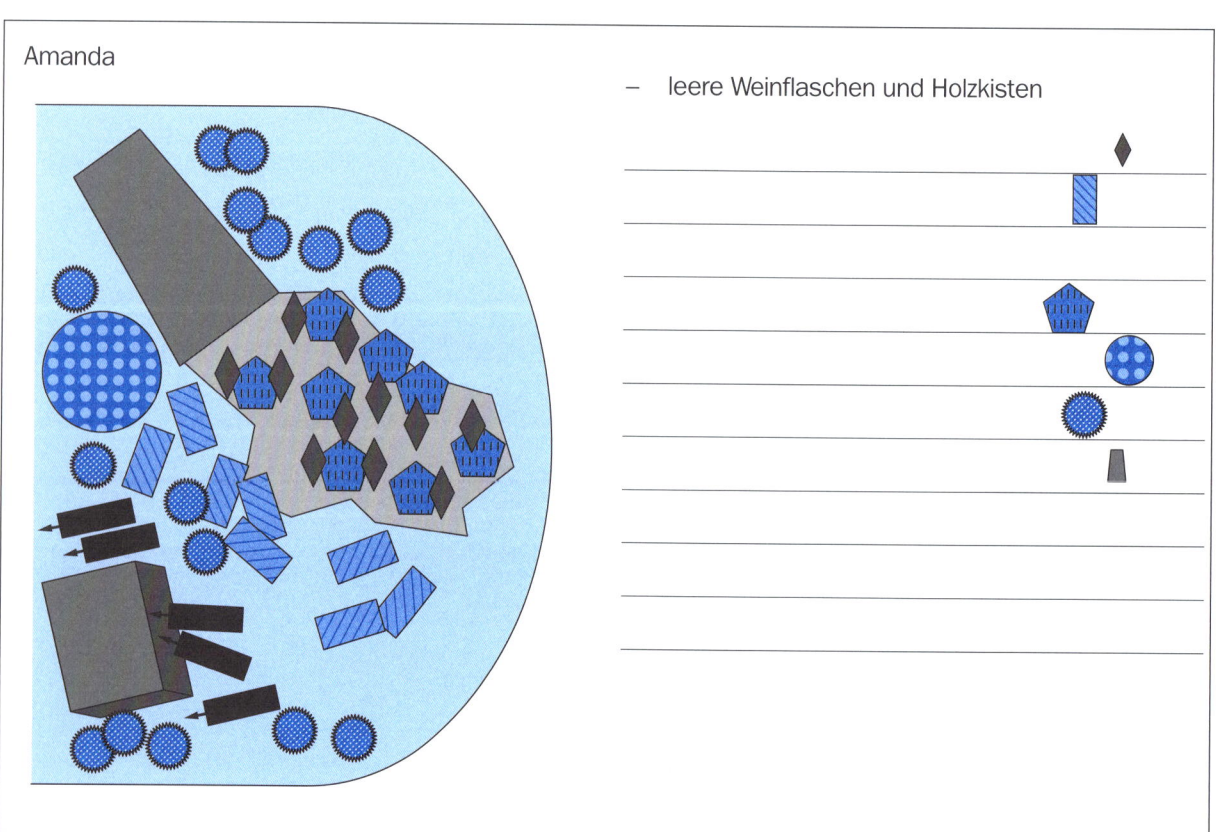

– leere Weinflaschen und Holzkisten

LERNSITUATION: WEINOFFENSIVE IM HOTEL EUROPA
Thema: Kommunikation, interne Werbung

Aufgabe 5d:

Peter und Paul beschäftigen sich mit den externen Werbemaßnahmen. In einer Ablage haben sie einen Entwurf für ein Mailing gefunden, das ihnen recht fehlerhaft vorkommt.

Listen Sie alle Fehler oder auch schlechten Formulierungen auf, die Sie finden, und begründen Sie die Fehler!

Hotel Europa
Unter den Linden 1–10
10200 Berlin

Herr
Franz Mustermann
Musterstr. 122
44789 Musterstadt

Betrifft: Werbemailing

Hallo Herr Mustermann,

wie in den letzten Jahren wollen wir Sie einladen: Feiern Sie mit uns in den Mai!

Es gibt Maibowle, Tanz und ein großes Maibuffet, das keine Wünsche offen lässt. Zum Tanz spielen zuerst die Beispielstädter Lausbuben auf, in den späten Abendstunden legt dann DJ Manni heiße Scheiben auf den Teller.

Melden Sie sich an zu Tanz und Spaß!

Mit freundlichen Grüßen

LERNSITUATION: WEINOFFENSIVE IM HOTEL EUROPA

Thema: Kommunikation, externe Werbung

Fehler:

1. Schrift schlecht zu lesen
☞
☞
☞
☞
☞
☞
☞
☞
☞
☞
☞

Aufgabe 5e:

Peter notiert sich erst einmal die Mindestangaben, die bei externer Werbung immer Bestandteil sein müssen! Stellen Sie diese Liste auf.

☑ Genau definiertes Angebot

☑

☑

☑

☑

☑

☑

LERNSITUATION: WEINOFFENSIVE IM HOTEL EUROPA
Thema: Kommunikation, Gestaltung von externen Werbemitteln

Aufgabe 5f:

Peter beginnt nun mit dem Entwurf einer Zeitungsanzeige, die für die erste Aktionswoche (alternativ auch alle anderen von Ihnen in Aufgabe 2a vorgeschlagenen Aktionswochen) in einer regionalen Zeitung geschaltet werden soll.

Entwerfen Sie eine geeignete Zeitungsanzeige:

Aufgabe 5g:

Paul möchte unterdessen die Website des Hotels um einen Pop-up Spot (öffnet sich bei Anklicken der Website automatisch) erweitern. Entwerfen Sie einen entsprechenden Text:

LERNSITUATION: WEINOFFENSIVE IM HOTEL EUROPA

Thema: Kommunikation, Mailing

Aufgabe 5h:

Abschließend widmen sich Peter und Paul gemeinsam dem Schreiben eines Mailings an die Stammgäste des Hauses, um sie zur ersten Aktionswoche einzuladen. Entwerfen Sie ein passendes Mailing unter Berücksichtigung der DIN-Norm für Geschäftsbriefe.

Unter den Linden 1–10 · 10200 Berlin

Tel.: 030/453654 · Fax: 030/453455 · E-Mail: info@hotel-europa.de

Herrn
Franz Mustermann
Musterstr. 122

44789 Musterstadt

PRÜFUNGSAUFGABE MARKETING

Situation

Nach Ihrer Ausbildung treten Sie eine Stelle als F & B-Assistent eines neuen First-Class-Bewirtungsbetriebes in ländlichem Urlaubsgebiet an. Die Gegend ist für ihre Landschaft, Thermalquellen und Sport- und Wandermöglichkeiten bekannt. Das Konzept des Hauses setzt auf die „Generation 55 +", die besonders umworben werden soll.

Ihre Aufgabe ist es, vor der Eröffnung des Hauses ein geeignetes Konzept für Ihr Restaurant passend zur Zielgruppe zu erarbeiten.

1. Aufgabe: (25 Punkte)

Versuchen Sie die Bedürfnisse der „Generation 55 +" zu definieren. Welche besonderen Bedürfnisse können im Restaurant berücksichtigt werden, was erwarten diese Gäste von der gehobenen Gastronomie?

2. Aufgabe: (75 Punkte)

Planen Sie mit den vier Marketinginstrumenten eine Strategie für die ersten sechs Wochen nach der Eröffnung:

a) Planen Sie ein attraktives Angebot für Ihre Zielgruppe.
b) Bestimmen Sie die sinnvollste Preisstrategie und begründen Sie diese.
c) Beschreiben Sie mindestens zwei geeignete Absatzwege.
d) Wählen Sie je zwei externe bzw. interne Kommunikationsmittel aus und gestalten Sie diese.

Bearbeitungszeit: 90 Minuten

Stellen Sie Ihren Kollegen Ihre Ergebnisse vor!

Diskutieren Sie Ihre Ergebnisse und optimieren Sie gemeinsam die Konzepte!

Bewerten Sie sich gegenseitig!

Vertiefungsaufgabe 1:

Um die Auslastung Ihres Betriebes besonders in den Ferienzeiten zu erhalten, wollen Sie in Ihrer Marketingstrategie nun Familien mit schulpflichtigen Kindern besonders berücksichtigen. Womit könnten Sie als deutsches Hotel diese sehr schwierige Gästegruppe für sich gewinnen?
Welche Bedürfnisse haben zum einen die Eltern und zum anderen die Kinder/Jugendlichen?

a) Planen Sie ein attraktives Angebot für Ihre Zielgruppe.
b) Bestimmen Sie die sinnvollste Preisstrategie und begründen Sie diese.

Vertiefungsaufgabe 2:

Aufgrund der demographischen Entwicklung in Deutschland wollen Sie Ihren Betrieb fit für die Zukunft machen und einen besonderen Marketingschwerpunkt auf die Generation 70+ legen. Welche besonderen Bedürfnisse müssen Sie erwarten?

Wie locken Sie „ewige Urlauber" in den Urlaub in Ihrem Betrieb?

a) Sammeln Sie in einer Liste mögliche Maßnahmen, die Ihren Betrieb besonders geeignet für die Generation 70+ macht.
b) Welche Preisstrategie ist sinnvoll?

Diskutieren Sie mit Ihren Mitschülern, ob Sie diese verschiedenen Gästegruppen mit sehr unterschiedlichen Bedürfnissen und Erwartungen unter einem Dach vereinen können.

SUDOKU

Angebot & Nachfrage

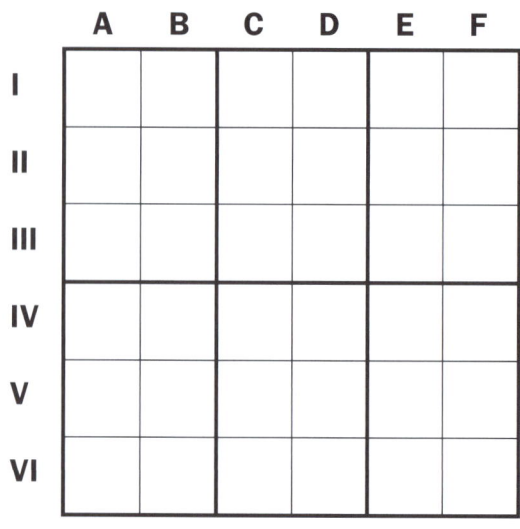

I Angebot & Nachfrage
A Bilaterales Monopol B Oligopson
C Angebotsmonopol D Bilaterales Polypol
E Bilaterales Oligopol F Monopsom

1 wenige Anbieter & wenige Nachfrager
2 ein Anbieter & ein Nachfrager
3 viele Anbieter & wenige Nachfrager
4 ein Anbieter & viele Nachfrager
5 viele Anbieter & ein Nachfrager
6 viele Anbieter & viele Nachfrager

II Alles gesponsort!
A Mediensponsoring B Umweltsponsoring C Soziosponsoring
D Sportsponsoring E Sport- & Eventsponsoring F Kultursponsorin

1 Telekom sponsort Team für die Tour de France
2 Metrogründer sponsort Lehrstuhl für Marketing und Unternehmensgründung
3 Nokia sponsort Konzert > Nokia Night of the Proms
4 Von jeder verkauften Kiste Bier wird 1 € für den Erhalt des Regenwaldes gespendet
5 Das Wetter wurde Ihnen präsentiert von Yello Strom
6 BayArena > Sponsoring der Sportmannschaft & Bau eines Stadions auch für andere Events

III Markenelemente – Was macht die Marke?
A Bild B Farben C Grafik D Wort E Form F Töne
1 Bärenmarke 2 Coca-Cola 3 Nivea 4 T-online 5 Adidasstreifen 6 Milka

IV Stufen des Produktentwicklungskonzeptes – sortiere!
A Wirtschaftlichkeitsanalyse B Produktentwicklung
C Ideenfindung & Ideenprüfung D Entwicklung des Produktkonzeptes
E Vorläufiges Marketingkonzept F Markterprobung & Markteinführung

V Warum kaufen wir welche Konsumgüter?
A Shopping goods B Plankäufe C Unsought goods
D Impulskäufe E Speciality goods F Notfallkäufe

1 Brot & Kaffee 2 Schneeschaufel & Aspirin 3 Waschmaschine & Schuhe
4 Auto & Maßanzug 5 Bonbons & CDs 6 Hörgerät & Rollstuhl

VI Marketingmix
A Angebotsgestaltung B Preisgestaltung C Absatzwege & Verkaufsorganisation
D Werbung E Öffentlichkeitsarbeit F Verkaufsförderung

1 Neugestaltung des Speisekartenkastens an der Fassade 2 Happy Hour
3 Internetangebote 4 Anzeigenkampagne
5 Pressemitteilung über Sponsoring der Jugendarbeit eines Fußballvereins
6 Angebot von Hausspezialitäten in der Speisekarte

LERNSITUATION: NEUE TISCHWÄSCHE FÜR DAS RESTAURANT „PARIS" AUSWÄHLEN
Thema: Stoffmaterialien und ihre Eigenschaften

143

Situation

Peter, der zurzeit in der Einkaufsabteilung ausgebildet wird, soll sich mit der Beschaffung der Tischwäsche, Brauchwäsche, Polsterstoffe und Gardinen für das Restaurant „Paris" beschäftigen. In einem Planspiel obliegt ihm allein die Auswahl geeigneter Materialien.

Aufgabe 1:

Peter findet in einem Katalog eine Aufstellung von möglichen Grundmaterialien. Leider fehlen die Beschreibungen der Eigenschaften, die er für die Auswahl des geeigneten Materials benötigt. Ergänzen Sie aus Ihrer Erfahrung und mit Hilfe Ihres Fachbuches die fehlenden Angaben:

Stoffart/Material	Eigenschaften	geeignet für	Pflege/Reinigung
Baumwolle > Leinwandbindung	– beide Seiten gleich – scheuerfest – kochecht – saugfähig	– Tischwäsche – Passiertücher – Unterwäsche	– Kochwäsche – heiß bügeln – trocknergeeignet – bleichen möglich
Baumwolle > Köperbindung			
Baumwolle > Atlasbindung			
Wolle			
Seide			
Leinen			
Viskose			
Modal			
Diolen® = Polyester			
Polyamid			

Aufgabe 1a:

Überprüfen Sie die Kleidung, die Sie gerade tragen: Aus welchen Materialien bestehen sie?

144 LERNSITUATION: NEUE TISCHWÄSCHE FÜR DAS RESTAURANT „PARIS" AUSWÄHLEN
Thema: Ausrüstung von Textilien

Aufgabe 2:

Peter hat sich für, wie er findet, geeignete Materialien entschieden: Tischwäsche und Mundservietten aus Damast (A); Geschirrhandtücher aus Halbleinen (B), Sitzpolsterbespannung (C) und Vorhänge (D) aus Streifensatin und Gardinen (E) aus Spitze.

Da er im Vormonat an der Brandschutzübung teilnehmen musste und bei der Hausbegehung durch die Feuerwehr dabei war, weiß Peter, dass auf jeden Fall für die ausgewählten Dekostoffe eine Ausrüstung vorgeschrieben ist. Vielleicht sind auch Ausrüstungen für die anderen ausgewählten Stoffe dabei?

Ergänzen Sie mithilfe Ihres Fachbuches die fehlenden Angaben und kennzeichnen Sie die geeigneten Ausrüstungen mit A bis E, die Ihnen für die obigen Stoffe sinnvoll erscheinen.

Verfahren	Anwendungsgebiet	Wirkung/Zweck	bei
Antistatische Ausrüstung	Synthetikfasern (Kleidung/Teppichböden)	kein elektrostatisches Aufladen der Fasern >> kein Entladen bei Berührung von Metall, kein Kleben der Textilie am Körper	/
Fleckenschutzausrüstung (z.B.: Scotchguard)			
Imprägnieren (z.B.: Teflon)			/
Flammschutzausrüstung			
Hygieneausrüstung (z.B.: Sanitized)			/
Verrottungsschutz (z.B. Eulan asept)			/
Antipillingausrüstung			
Pflegeleichtausrüstung (z.B. Sanfor plus)			
Filzfreiausrüstung (z.B.: von Wollsiegel)			/
Mottenechtausrüstung (z.B. Eulan; Mitin)			/
Farbechtausrüstung (z.B. Indanthren)			
Mercerisieren			
Sanforisieren			

LERNSITUATION: NEUE TISCHWÄSCHE FÜR DAS RESTAURANT „PARIS" AUSWÄHLEN
Thema: Übung: Stoffe und Ausrüstungen

waagerecht:

1. ohne diese waagerecht 6 ist der synthetische Weg elektrisierend.
2. wärmende Haarpracht von vierbeinigen Rasenmähern.
3. in öffentlichen Gebäuden und Hotels vorgeschriebener Schutz vor Gardinenzündelei.
4. Gewebe aus raupenfein gesponnenem Garn – sehr luxuriös!
5. Markenname ® für synthetischen Allroundstoff.
6. diese veredelt Stoffe auf vielfältige Art und Weise und erleichtert meist der Hausfrau das Leben in vielfältiger Hinsicht.
7. damit die Jeans auch nach der ersten Wäsche noch passt, wird sie so behandelt.
8. sinnvolle Ausrüstung für Wolle und Synthetik – sonst muss der Fusselrasierer zum Einsatz kommen!
9. denen wird durch 11 waagerecht nachhaltig der Appetit verdorben!
10. Stoffart, die früher in Europa konkurrenzlos war: Daraus war das „letzte Hemd" und auch sonst fast jedes! (bis 1 senkrecht kam)
11. Markenname für Appetitverderber von 9 waagerecht.

senkrecht:

1. häufigste pflanzliche Naturfaser für Stoffe – namentlich verwandt mit 2 waagerecht.
2. synthetische Faser aus Cellulose – besonders saugfähig und reißfest.
3. preiswertes Imitat für teure Stoffe – fast ein Naturprodukt.
4. Fachbegriff für bunt bleibt bunt.
5. 6 waagerecht für glänzende Baumwolle
6. damit imprägniert bleibt garantiert kein Saucenfleck auf der Krawatte! Bekanntes Nebenprodukt der Weltraumforschung, sonst mehr in der Küche zu Hause.
7. wenn 6 senkrecht zu stark ist, schützt die schottische Garde recht gut!

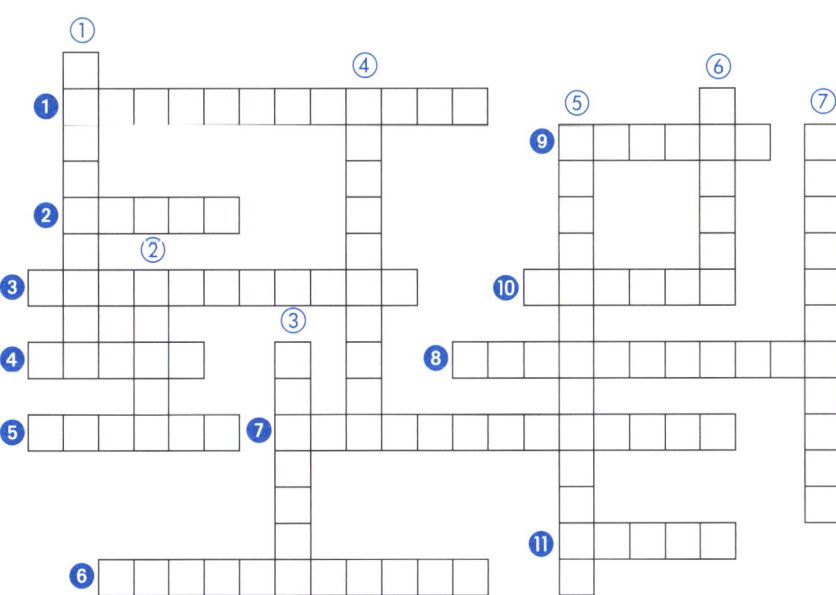

146 LERNSITUATION: AUFSTELLEN EINES REINIGUNGSPLANES FÜR DAS RESTAURANT
Thema: Reinigungsmittel

Situation

Nachdem es in der Vergangenheit immer wieder Probleme mit der Sauberkeit der Restauranttoiletten gegeben hat, soll nach dem Umbau ein genauer Reinigungsplan mit Kontrollpanel diese Probleme beheben. Paul soll einen solchen Plan erarbeiten.

Aufgabe 1:

Paul will mit der Auswahl der geeigneten Reinigungsmittel beginnen. In der Buchhaltung bekommt er eine Liste der bisher verwendeten Mittel und ist erstaunt, wie viel von den teilweise recht teuren Reinigungsmitteln verbraucht wird. Da er bereits gelernt hat, dass „viel hilft viel" und „für jeden Fleck ein richtiges Mittel" Unsinn ist trägt er erst einmal die verschiedenen Wirkstoffe zusammen, die er zur Anwendung bringen kann.

Wirkstoff	Wirkweise	geeignet für
Tenside	Verringerung der Oberflächenspannung >> Ablösung der Schmutzpartikel vom Untergrund. In fast allen Reinigungs- und Waschmitteln enthalten. ! schädliche Umweltwirkung in Gewässern !	
Scheuermittel	meist Kreide oder gemahlene Mineralien wie Marmor oder Bimsstein. Unterscheidung in feine (Scheuermilch) und grobe Scheuermittel. Gut umweltverträglich.	
Säuren	Säuren reagieren mit dem Kalk des Wassers und lösen ihn auf, lösen Fett ab. Verwendung in Entkalkern, WC-Reinigern, Klarspülmitteln. ! Umwelt- und Gesundheitsschädlich! (Konzentration)	
Laugen	Lösen besonders Fett, aber auch andere Schmutzstoffe von Oberflächen. Verwendung in Haushaltsreinigern, Sanitär- und Rohrreinigern. ! In hohen Konzentrationen gesundheitsschädlich !	
Lösungsmittel	Wirken entfettend und können starke Verschmutzungen entfernen. Sie verdunsten schnell und können dann die Atemwege reizen. Oft leicht entzündlich. ! Sicherheitshinweise unbedingt beachten !	
Desinfektionsmittel	Abtöten von Mikroorganismen, besonders im Sanitär-/Hygienebereich. Anwendung umstritten, weil allergieauslösend, teilweise gesundheitsschädlich und normalerweise nicht notwendig.	

LERNSITUATION: AUFSTELLEN EINES REINIGUNGSPLANES FÜR DAS RESTAURANT
Thema: Dosierung von Reinigungsmitteln

Aufgabe 1a:

Paul begutachtet den Reinigungsmittelbestand im Housekeepinglager: Fast alle Reiniger bestehen aus Kombinationen verschiedener Wirkstoffe. Da er nicht grundsätzlich auf alle umweltschädlichen Stoffe verzichten kann, will er in seinem Reinigungsplan zumindest die verwendete Menge gering halten.

Welche Möglichkeiten kennen Sie, Reinigungsmittel in geeigneter Art und Weise zu dosieren? Bedenken Sie dabei, dass auch Mitarbeiter, die der deutschen Sprache nur begrenzt mächtig sind, möglichst problemlos mit den Mitteln umgehen müssen!

1. Kontrollierte Ausgabe von Kleingebinden oder richtig vorbereiteten Gemischen.
2. _____
3. _____
4. _____
5. _____

Aufgabe 1b:

Berechnen Sie:

I. Auf einer Flasche mit Bodenglanzreiniger steht folgende Dosieranleitung: Mischungsverhältnis 7 : 140. Ihr Wassereimer fasst 15 Liter. Wie viel ml Reinigungsmittel werden benötigt?

II. Der Wassertank einer professionellen Bodenreinigungsmaschine hat die folgenden Innenmaße: Länge: 0,3 m; Höhe: 0,7 m; Breite: 15 cm. Der Tank kann bis 5 cm unter dem Rand gefüllt werden. Wie viele Litermaße mit 2 Liter Füllvermögen müssen Sie holen, um den Tank zu füllen?

III. Zusätzliche Aufgaben für zu schnelle Rechner:

a) Zwei Wochen nach dem Umzug nehmen Sie Ihre neue Tätigkeit auf. Sie durchlaufen kurz alle Abteilungen, um das Hotel „Four Stars" besser kennenzulernen. Sie sollen zunächst die Lagerhaltung kontrollieren und auswerten. Für ein Produkt liegen folgende Zahlen vor:

Datum	Lagerbestand in €	
01.01.	4.675,55	Der Wareneinsatz beträgt 47.485,50 €.
31.03.	3.726,75	Ermitteln Sie:
30.06.	2.894,95	a) den Durchschnitts-Lagerbestand in Euro
30.09.	5.134,65	b) die Umschlagshäufigkeit
31.12.	3.474,80	(Runden auf 2 Nachkommastellen)

b) Bei einer Lieferzeit von 10 Tagen und einem Tagesverbrauch von 14 Dosen beträgt der Meldebestand 300 Dosen. Der Dosenlieferant stellt auf wöchentliche Lieferung (7 Tage) um. Der Mindestbestand soll unverändert bleiben. Sie helfen Peter bei der Ermittlung des neuen Meldebestands. Ermitteln Sie
a) den Mindestbestand
b) den neuen Meldebestand

148 LERNSITUATION: AUFSTELLEN EINES REINIGUNGSPLANES FÜR DAS RESTAURANT
Thema: Gefahrenkennzeichen und Berechnung von Dosierungen

Aufgabe 1c:

In der betrieblichen Praxis hat sich herausgestellt, dass eine möglichst einfache Dosierung der beste Schutz vor Überdosierung ist. Paul füllt deswegen aus einem Großgebinde Flaschen für seine Mitarbeiter ab, die ihrerseits mit einem Dosierspender für je eine Eimerfüllung bzw. eine Anwendung versehen sind. Dummerweise bemängelt das Ordnungsamt, dass er auf den Flaschen für die Mitarbeiter keine Gefahrenkennzeichnung von der Originalpackung übernommen hat. Paul besorgt sich geeignete Kennzeichnungsaufkleber. Benennen Sie die Sicherheitszeichen:

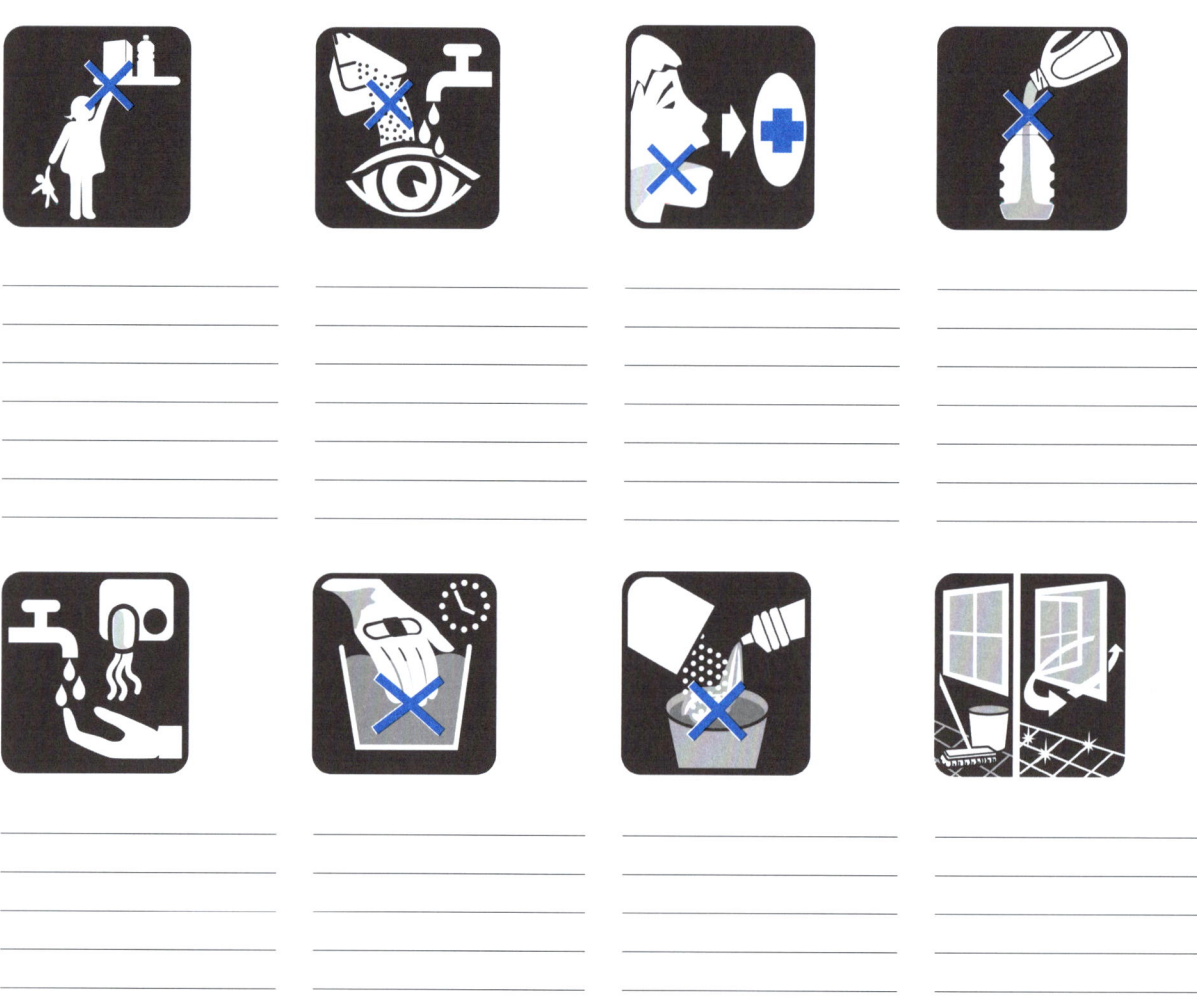

Aufgabe 1d:

I. Paul bereitet eine Verdünnung für seine Mitarbeiter vor: 80 Liter 80%ige Essiglösung werden mit 100 Liter Wasser gemischt. Wie viel Prozent Säure hat die fertige Mischung?

II. Eine Hausdame möchte ihr eigenes Scheuerpulver mischen. Sie will 300 g Schlämmkreide mit einer Körnung von 920 verarbeiten. Wie viel Marmormehl mit einer Körnung von 750 muss sie hinzufügen, um eine Mischung mit einem Feingehalt von 900 zu erhalten?

LERNSITUATION: AUFSTELLEN EINES REINIGUNGSPLANES FÜR DAS RESTAURANT
Thema: Bodenreinigung

Aufgabe 2:

Die Reinigung des Bodens ist in gastronomischen Betrieben von besonderer Bedeutung. Häufig werden extra glatte, glänzende Marmor- oder Steinböden verlegt, die der entsprechenden Pflege bedürfen. Überlegen Sie je zwei Gründe, warum für Gäste und Betrieb die Bodenhygiene so wichtig ist:

Sicht des Gastes:

_____

_____

Sicht des Betriebes:

_____

_____

Aufgabe 2a:

Damit Grund- und Unterhaltsreinigung den oben genannten Ansprüchen genügen und trotzdem wirtschaftlich bleiben, ist es sinnvoll, die Reinigungszyklen in die Planung der Betriebsabläufe optimal zu integrieren. Sachgerechte Reinigung spart darüber hinaus auch Zeit und Geld. Der sogenannte „Sinner'sche Reinigungskreis" besagt, dass vier Einflussgrößen die Reinigung bestimmen. Ergänzen Sie die fehlenden Einflussgrößen!

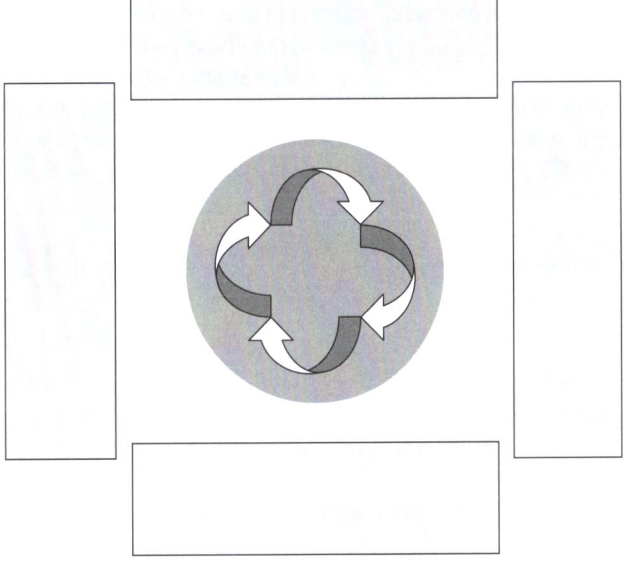

Vervollständigen Sie:

Diese vier Einflussgrößen können sich untereinander teilweise ersetzen. So kann z. B. eine höhere _____ Reinigungsmittel einsparen oder den _____ verringern. Das Gleiche gilt für den Einsatz höherer _____ durch geeignete Maschinen. Begrenzt wird dieser Effekt immer durch die Möglichkeiten, die der zu reinigende Boden vorgibt: Empfindliche Böden begrenzen sowohl die _____ als auch die mechanische _____ .

150 LERNSITUATION: AUFSTELLEN EINES REINIGUNGSPLANES FÜR DAS RESTAURANT
Thema: Reinigungsmittel

Aufgabe 2b:

Paul merkt schnell, dass fast alle Reinigungsmittel aus einer Kombination mehrerer reinigungsaktiver Substanzen bestehen. Da er nicht grundsätzlich auf alle umweltschädlichen Stoffe verzichten kann, will er in seinem Reinigungsplan zumindest die verwendete Menge gering halten. Zeichnen Sie in den folgenden Grafiken die sinnvollste und effektivste Art der Reinigungsbewegung ein und ergänzen Sie den Lückentext:

Saugen freier Flächen

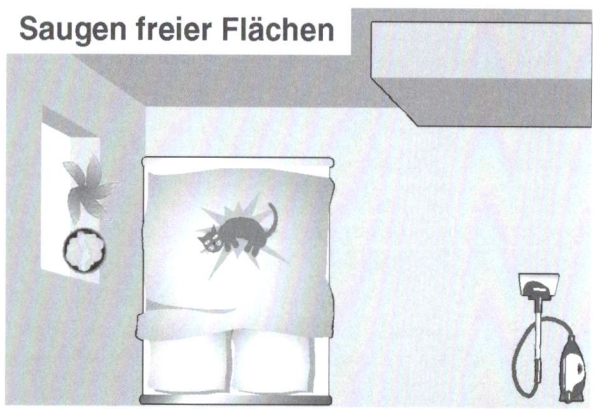

Um möglichst zeiteffizient und dabei gründlich zu arbeiten, benötigt man neben geeigneten Arbeitsgeräten auch den „richtigen Dreh":

1. Staubsaugen:

Die Praxis hat gezeigt, dass bestimmte Bewegungsabläufe beim Staubsaugen beste _____ erzielen und dabei Zeit sparen. Effektiv sind ruhige und gleichmäßige _____: Je langsamer die Düse über den Teppich geführt wird, desto mehr _____ kann sie entfernen.

Größere freie Flächen werden in Querbahnen eingeteilt und mit gleichmäßigen _____-Bewegungen der Düse gesaugt. In Räumen mit vielen feststehenden Möbeln wird _____ gesaugt. Dabei wird der Sauger von verschiedenen Standpunkten aus _____ bewegt, bis der gesamte Teppichboden _____ gesaugt ist.

Inselsaugen

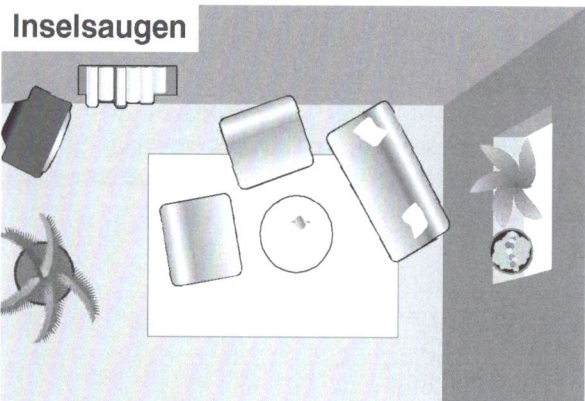

2. Feuchtwischen:

Beim Feuchtwischen werden zunächst alle _____ und _____ des Raumes gewischt. Die restliche Fläche wird am besten in _____ Bewegungen des Wischgerätes gereinigt. Dabei darf das Gerät während der Bewegung nicht _____ werden, da sonst der entfernte Schmutz auf die bereits gereinigte Fläche zurückfällt.

Feuchtwischen

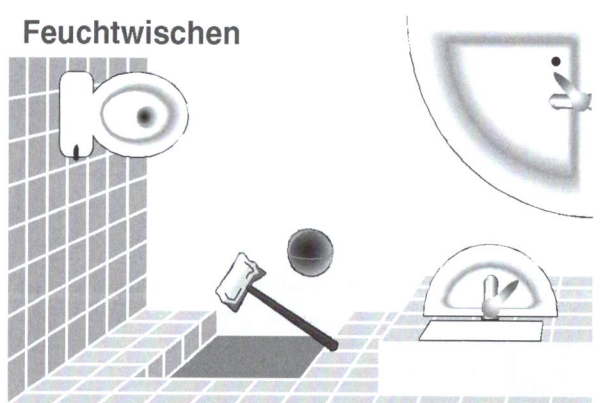

3. Kehren:

Beim Kehren wird der Besen vom Körper weg oder am Körper vorbei geführt. Dabei vom _____ des Raumes zur _____ oder zur Tür fegen und dort den Schmutz mit _____ und _____ aufnehmen

Kehren

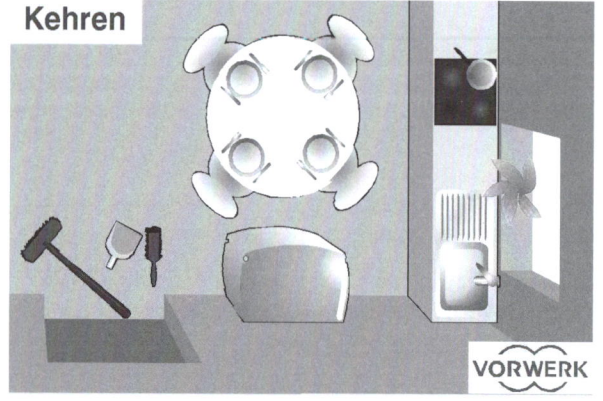

LERNSITUATION: AUFSTELLEN EINES REINIGUNGSPLANES FÜR DAS RESTAURANT
Thema: Zusammenstellung eines Reinigungswagens

151

Aufgabe 3:

Um die Reinigung des Restaurants besser als bisher zu organisieren, soll ein Reinigungswagen bestückt werden, der in einer mit dem Umbau entstehenden Abstellkammer Platz finden wird. Paul muss nun bestimmen, welche Geräte, Reinigungsmittel und Putzutensilien auf dem Wagen bereitgestellt werden müssen, um alle Bereiche des Restaurants reinigen zu können.

Bestücken Sie einen Reinigungswagen nach den Gegebenheiten des Restaurants „Paris":

Legende: Fenster, Eingangstür, Barbereich, Toilettentür, Tür zur Hotellobby, Tür zur Küche, Marmorboden, Fliesen, Teppichboden — Toiletten

Nr.		Nr.	
1.	Staubsauger (inkl. Düsen)	11.	
2.		12.	
3.		13.	
4.		14.	
5.		15.	
6.		16.	
7.		17.	
8.		18.	
9.		19.	
10.		20.	

Wirtschaftsdienst

152 LERNSITUATION: AUFSTELLEN EINES REINIGUNGSPLANES FÜR DAS RESTAURANT
Thema: Entwerfen eines Reinigungsplanes für die Toiletten

Aufgabe 4:

Da es in der Vergangenheit immer wieder mit der Toilettenreinigung und -kontrolle zu Problemen gekommen ist, soll Paul noch einen Reinigungsplan für den Toilettenbereich des Restaurants erstellen. Neben den Arbeiten, die zur Unterhaltsreinigung gehören, soll er auch die Arbeiten der Grundreinigung mit den entsprechenden Intervallen in seinen Plan aufnehmen. Vervollständigen Sie den folgenden Lückentext:

> Hygienebereichen   Sauberkeit   Feuchtwischen   Unterhaltsreinigung   Unterhaltsreinigung   Uhrzeigersinn
> Reinigungsplan   Beanspruchung   Grundreinigung   Grundreinigung   Erhalt der Hygiene
> Reinigungsmittel   Zwischenreinigung   Konzentrationen   regelmäßigen   Reinigungsintervalle
> krankheitserregenden Mikroorganismen   sichtbare Sauberkeit   reinigungsintensiven Details

Die _____ ist eine aufwendige, zeitintensive Reinigung, die in größeren Abständen als „Frühjahrsputz hinter den Schränken" zu verstehen ist. Ihre Häufigkeit orientiert sich an dem Grad der _____ eines Raumes. In der Regel werden zur _____ schärfere _____ in höheren _____ eingesetzt.

Als _____ bezeichnet man eine unplanmäßig erforderliche Maßnahme, zum Beispiel das Fleckentfernen nach einem Missgeschick. Diese Art Reinigung gehört nicht in den _____ – sie ergibt sich aus den Umständen.

Mit _____ ist das tägliche Reinigen nach Bedarf, bzw. auch häufiger oder seltener, gemeint und umfasst alle _____ Maßnahmen zum _____ . Es kann sich um Staubwischen genauso handeln wie um _____ oder die Glasreinigung. Zur _____ werden meist mildere Reinigungsmittel in geringen Konzentrationen eingesetzt.

Sollen Räume auf ihre _____ hin kontrolliert werden, so tut man dies immer im _____ . So wird sichergestellt, dass kein Bereich des Zimmers übersehen wird. Handelt es sich um kleinere Räume mit vielen _____ , kann der Raum zusätzlich in drei Ebenen (Decke, Mitte und Boden) geteilt werden, damit kein Detail dem prüfenden Auge entgeht.

In besonderen _____ (Toiletten, Bad, Restaurant, …) verbindet der Gast gedanklich die _____ _____ mit der Abwesenheit von _____ .

Deswegen sollten glatte Flächen glänzen, ein sauberer Duft vorhanden und die Kontrolle dieser Details sichtbar sein (z. B.: Kontrollliste mit Unterschriften, Toilettenaufsicht u. Ä.). Aus diesem Grunde ist hier die Festlegung geeigneter _____ besonders wichtig.

LERNSITUATION: AUFSTELLEN EINES REINIGUNGSPLANES FÜR DAS RESTAURANT
Thema: Entwerfen eines Reinigungsplanes für die Toiletten

Aufgabe 4a:

Versuchen Sie, einen entsprechenden Reinigungsplan zu entwerfen. Die Tabelle soll Ihnen lediglich einen Vorschlag zur Gestaltung geben – andere Lösungswege sind möglich!

zu reinigender Gegenstand	Reinigungs-/ Desinfektionsmittel	Dosierung/ Einwirkzeit	Maßnahmen	Intervall	Verantwortlich	Kontrolle/ Datum
Waschbecken (Porzellan)						
Wasserhähne						
Toilettenbecken						
WC-Sitze						
Spiegel						
Bodenfliesen						

Sauberes SUDOKU

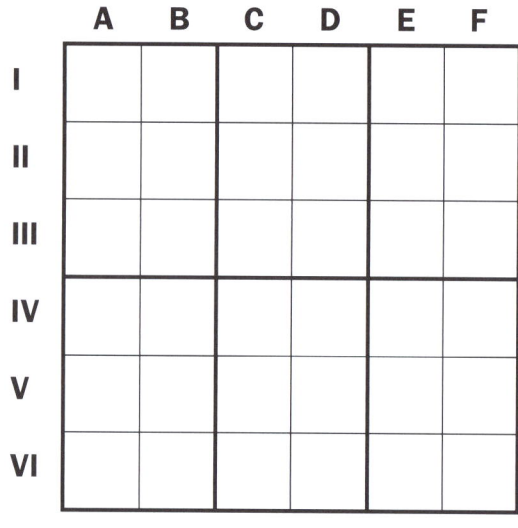

I Welcher Stoff hat welche Eigenschaft?

A Modal   B Polyamid   C Wolle
D Leinen E Diolen   F Seide

1 kochfest, fusselt nicht
2 lichtbeständig
3 saugfähig, dehnbar
4 elastisch, verrottungsresistent
5 knitterfrei, filzend
6 teuer, empfindlich

II Putzen!

A Krankheitserregende Mikroorganismen
B Hygienebereich   C Uhrzeigersinn   D Unterhaltsreinigung
E Grundreinigung   F Zwischenreinigung

1 „Frühjahrsputz hinter den Schränken"   2 Reinigen nach Bedarf =
3 kontrolliert wird immer im ... !   4 unplanmäßig erforderliche Reinigung
5 Toilette und Bad gehören zum ... .   6 deren Abwesenheit wird mit sichtbarer Sauberkeit assoziiert

III Sauberkeit in Bad & WC – so wird's gemacht!

A WC-Sitz   B Bodenfliesen   C Seifenspender
D Lüftungsgitter   E Wasserhahn   F Spiegel

1 nasswischen   2 aufsprühen, trocknen   3 aufsprühen, abspülen, abtrocknen
4 aufsprühen, abwaschen   5 aufsprühen, polieren   6 abwaschen, trocknen

IV Die Kunst des Reinigens! Was wofür?

A Tenside   B Säuren   C Lösungsmittel
D Scheuermittel   E Laugen   F Desinfektionsmittel

1 Sanitärbereich   2 Glas, Backöfen   3 polierte, glatte Oberflächen
4 alle feuchtigkeitsresistenten Oberflächen 5 Wäsche   6 Kalkflecken

V Das kennt nur der Fachmann/die Fachfrau!

A Scotchguard   B Eulan asept   C Mitin
D Indanthren   E Sanfor +   F Teflon

1 für Motten ungenießbar 2 Schutz vor Fäulnis   3 wasserabweisend
4 fleckabweisend   5 knitterbeständig/formstabil 6 farbecht

VI Gut gewaschen ist halb gewonnen!

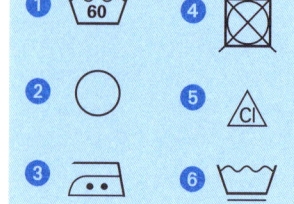

A Heißwäsche   B Mäßig heiß bügeln
C Trocknen im Tumbler nicht möglich   D Chlorbleiche möglich
E Feinwäsche   F Chemische Reinigung möglich

PRÜFUNGSAUFGABEN WIRTSCHAFTSDIENST

Testen Sie Ihr Wissen:

1. Für Ihr Restaurant sollen neue Poliertücher bestellt werden. Wählen Sie aus den folgenden Materialien die drei geeigneten aus.
   ① Wolle
   ② Leinen
   ③ Polyamid
   ④ Baumwolle
   ⑤ Seide
   ⑥ Viskose
   ⑦ Halbleinen
   ⑧ Modal

   6 Punkte

2. Ordnen Sie die folgenden Textilausrüstungen ihrer Wirkung zu: 12 Punkte

   ① Indanthren   a) fleckabweisend durch wasserabweisende Stoffe
   ② Eulan   b) hohe Farbechtheit durch Farbstoffe und Verfahren
   ③ Sanforisiert   c) chem. Behandlung für Glanz und Reißfestigkeit
   ④ Scotchguard   d) Mottenechtausrüstung durch Chemikalien
   ⑤ Sanitized   e) Einlaufschutz und knitterarm
   ⑥ Mercerisiert   f) Verhinderung der Ausbreitung von Mikroorganismen

3. Ein Dienstleistungsbetrieb reinigt das Schaufenster (6 m x 2,60 m) eines Restaurants zweimal wöchentlich. Die Firma berechnet 1,05 € je Quadratmeter. Wie viel Euro müssen für die Reinigung im Monat bezahlt werden?   6 Punkte

4. Es soll nun auch neue Bettwäsche für das Hotel Europa angeschafft werden. Sie sollen entscheiden, ob Wäsche aus Baumwolle oder Leinen angeschafft werden soll. Welche der folgenden Aussagen sind zutreffend?
   ① Leinen ist saugfähiger als Baumwolle.
   ② Leinen knittert stark und fusselt nicht.
   ③ Baumwolle ist meist teurer als Leinen.
   ④ Leinen darf nicht über 60 °C gewaschen werden.
   ⑤ Baumwolle ist koch- und reißfest.

   8 Punkte

5. Sie entscheiden sich für Bettwäsche aus Baumwolle und für das folgende Angebot:
   - Preis pro Garnitur 65,00 € brutto
   - Bei Abnahme von mindestens 150 Garnituren 15 % Preisnachlass
   - Bei Zahlung innerhalb von 7 Tagen nach Rechnungserhalt 3 % Skonto

   Wie viel Euro
   a) kosten 220 Garnituren
   b) müssen für 220 Garnituren bezahlt werden, wenn Sie Skonto in Anspruch nehmen?

   10 Punkte

PRÜFUNGSAUFGABEN WIRTSCHAFTSDIENST

6. Das Hotel Europa hat sich einer Umweltinitiative angeschlossen. Sie sollen die vorhandenen Reinigungsmittel überprüfen. Welche der folgenden Reinigungsmittel sind biologisch leicht abbaubar?
   ① Verdünnte Essigsäure
   ② Waschpulver mit Phosphaten
   ③ WC-Reiniger
   ④ Neutralseife
   ⑤ Backofenreiniger
   ⑥ Schmierseife   6 Punkte

7. Im Rahmen der Umweltinitiative werden in den Badezimmern folgende Aufkleber platziert:

   > *Lieber Gast,*
   > *Trinkwasser ist eine wertvolle Gabe der Natur – helfen Sie mit! Stellen Sie das Wasser beim*
   > - *Zähneputzen*
   > - *Haare shampoonieren*
   > - *Rasieren*
   >
   > *ab und helfen Sie damit unserer Umwelt.*

   Welche der folgenden Gründe treffen auf das Vorhaben zu, den Gast zum sorgsamen Umgang mit Trinkwasser aufzufordern?
   ① Sicherung der Klassifikationsstufe *****
   ② Einsparung von Energie- und Abwasserkosten
   ③ Höhere Mitarbeitermotivation durch verbesserte Qualitätsstandards
   ④ Geringere Verschmutzung der Badezimmer
   ⑤ Unterstützung betrieblicher und regionaler Umweltschutzmaßnahmen   4 Punkte

8. Da die Mitarbeiter des Housekeeping im vergangenen Monat trotz Mitarbeitermangels überdurchschnittlich gut gearbeitet haben, setzt die Geschäftsleitung eine Prämie von 500 € aus. Mit den drei anderen Mitarbeitern einigen Sie sich auf folgende Verteilung:

   Mitarbeiter A soll $\frac{1}{5}$
   Mitarbeiter B soll $\frac{1}{8}$
   Mitarbeiter C soll $\frac{1}{3}$ und Sie den Rest der Prämie erhalten.
   a) Wie viel Euro erhält Mitarbeiter A?   €
   b) Wie viel Euro erhalten Sie?   €   10 Punkte

9. Sie schreiben eine Bestellliste der benötigten Wäschestücke für die Hotelzimmer. Welche der folgenden Wäschestücke gehören dazu?
   ① Skirtings
   ② Bademantel
   ③ Tafeltücher
   ④ Molton
   ⑤ Laken
   ⑥ Handtücher
   ⑦ Poliertücher   6 Punkte

| 68–62 Punkte = sehr gut | 61–55 Punkte = gut | 54–46 Punkte = befriedigend |
| 45–34 Punkte = ausreichend | 33–20 Punkte = mangelhaft | 19–0 Punkte = ungenügend |

LERNSITUATION: EINKAUFSPLANUNG

Thema: Bedarfsermittlung

Situation

Der neue Food & Beverage-Manager des Hotels Europa möchte durch kulinarische Aktionen das Speisen- und Getränkeangebot erweitern und dadurch die Bindung zu den Stammgästen festigen sowie neue Zielgruppen gewinnen. Die Hotelgäste werden gezielt in „fremde" Kulturen mit landestypischen Lebensstilen und Genusspräferenzen entführt, in dem kreative kulinarische Länder-Aktionen (z.B. eine mexikanische Spezialitätenwoche im Februar) geplant und inszeniert werden. In der im Vorfeld einer Aktion notwendigen Absprache mit dem Küchenchef stellt er immer wieder fest, dass für die Durchführung der Spezialitätenwochen u.a. Lebensmittel und Gewürze, landestypische Getränke und Dekorationsartikel benötigt werden, die bisher noch nicht im Sortiment waren. Es liegen keine Erfahrungen über mögliche Lieferanten, Qualitäten und benötigte Mengen vor. Auf der anderen Seite werden für die Aktionen aber auch Roh- und Hilfsstoffe benötigt, die häufig beschafft werden.

Aufgabe 1:

Ein optimaler Einkauf der Waren erfordert grundsätzlich eine sorgfältige Planung von Art und Qualität des Sortiments („Was soll gekauft werden?").

Die Direktion des Hotels Europa beabsichtigt im Rahmen der Marketingstrategie des Hauses, durch Sponsoring in der Bundeshauptstadt einen Imagegewinn zu erreichen. Bei einem Meeting der Abteilungsleiter zu dieser Thematik stellt der F & B-Manager seine Konzeptidee vor, bei einer Benefizveranstaltung in der Deutschen Oper eine mobile American Bar zu präsentieren und die Reinerlöse aus dem Barbetrieb den Veranstaltern zu spenden. Die von ihm vorgelegte Bar-Sonderkarte beinhaltet u.a. folgende alkoholische Drinks, die mit Markenspirituosen zuzubereiten sind. Bestimmen Sie die Destillate, die als Basis für den Barstock zu beschaffen sind.

Cocktail	Basis-Spirituose des Drinks	Bedeutende Marken
1) Americano		
2) Bloody Mary		
3) Caipirinha		
4) Gin Fizz		
5) Manhattan Dry		
6) Martini Dry		
7) Side Car		
8) White Lady		
9) Daiquiri		
10) Old Fashioned		
11) Brandy Alexander		
12) Whiskey Sour		

158 LERNSITUATION: EINKAUFSPLANUNG

Thema: Mengenplanung

Aufgabe 2:

Ein optimaler Einkauf der Waren erfordert grundsätzlich eine sorgfältige Planung der Bestellmengen („Wie viel soll gekauft werden?").

Für die Beschaffung des Basisproduktes „Natives Olivenöl extra" wird im Hotel Europa mit folgenden Bedingungen gerechnet:
- Jahresbedarf 1800 Flaschen,
- Beschaffungskosten 15 € je Bestellvorgang ohne Rabattabzug,
- Lagerkostensatz: 5 % des durchschnittlichen Lagerbestandswertes.
- Der durchschnittliche Lagerbestand beträgt die Hälfte der Bestellmenge; er wird mit einem Bezugspreis von 5 € je Flasche bewertet.

Die Einkaufsverantwortliche hat sich für Bestellmengen von 200 Flaschen oder einem Vielfachen davon bis 1800 Flaschen zu entscheiden.

a) Ermitteln Sie tabellarisch für die infrage kommenden Bestellmengen jeweils die Anzahl der jährlichen Bestellvorgänge, die Beschaffungskosten, den durchschnittlichen Lagerbestand, die Lagerhaltungskosten und die Summe der beiden Kostenarten.

b) Bestimmen Sie die optimale Bestellmenge, bei der die Summe aus Beschaffungs- und Lagerhaltungskosten am geringsten ist.

1	2	3	4	5	6	7
Bestell-menge	Anzahl der Bestell-vorgänge	Beschaf-fungs-kosten	Ø Lager-bestand	Ø Lager-bestands-wert	Lager-haltungs-kosten	Beschaffungs- und Lager-haltungs-kosten
Flaschen		(in €)	Flaschen	(in €)	(in €)	(in €)
200	9,00	135,00 €	100	500,00 €	25,00 €	160,00 €
400	4,50	67,50 €	200	1.000,00 €	50,00 €	117,50 €
600	3,00	45,00 €	300	1.500,00 €	75,00 €	120,00 €
800	2,25	33,75 €	400	2.000,00 €	100,00 €	133,75 €
1000	1,80	27,00 €	500	2.500,00 €	125,00 €	152,00 €
1200	1,50	22,50 €	600	3.000,00 €	150,00 €	172,50 €
1400	1,29	19,29 €	700	3.500,00 €	175,00 €	194,29 €
1600	1,125	16,88 €	800	4.000,00 €	200,00 €	216,88 €
1800	1,00	15,00 €	900	4.500,00 €	225,00 €	240,00 €

Mit den folgenden Angaben lassen sich die Ergebnisse in den Spalten 2 bis 6 berechnen:

Spalte 2: Die Anzahl der Bestellvorgänge entspricht dem Jahresbedarf dividiert durch die Bestellmenge.

Spalte 3: Die Beschaffungskosten errechnen sich, in dem die Anzahl der Bestellvorgänge mit den Beschaffungskosten multipliziert werden.

Spalte 4: Der durchschnittliche Lagerbestand bei gleichmäßigem Verbrauch entspricht der halben Bestellmenge.

Spalte 5: Der durchschnittliche Wert des Lagerbestandes errechnet sich, in dem der durchschnittliche Lagerbestand mit dem Bezugspreis von 5 € je Flasche multipliziert wird.

Spalte 6: Der Lagerkostensatz entspricht 5 % des durchschnittlichen Lagerbestandswertes.

Ergebnis: Die optimale Bestellmenge/Losgröße für „Natives Olivenöl extra" beträgt 400 Flaschen pro Bestellvorgang, da in diesem Fall die Summe der Beschaffungskosten und der Lagerhaltungskosten am niedrigsten ist.

LERNSITUATION: EINKAUFSPLANUNG

Thema: Zeitplanung

Aufgabe 3:

Ein optimaler Einkauf der Waren erfordert grundsätzlich eine sorgfältige Planung der Bestell- und Liefertermine („Wann soll gekauft werden?").

Kennzeichnen Sie die Faktoren, die eher den Zeitpunkt der Bestellung beeinflussen, mit einer 1 und die Faktoren, die eine termingerechte Bereitstellung sicherstellen, mit einer 2!

Einflussfaktoren	Ziffer	Einflussfaktoren	Ziffer
Lieferzeit in Tagen/Beschaffungsdauer		Lagerfähigkeit bzw. Verderblichkeit	
hinreichenden Mindestbestand auf Lager halten		Festlegung eines Meldebestandes	
Fixkauf tätigen		Größe und Eignung des Lagerraumes	
durchschnittlicher Tagesverbrauch/ Umsatzgeschwindigkeit		Vertragsstrafe vereinbaren	
erwartete Preisentwicklung, z.B. bei saisonalen Artikeln		bei Sonderveranstaltungen langfristige Auftragserteilung anstreben	
Zeitpunkt des Warenangebotes		vorhandene Artikelmenge	

Aufgabe 4:

Für Roh- und Hilfsstoffe, die häufig beschafft werden, sind zwar fest vorgegebene oder vereinbarte Bestell- und Lieferintervalle denkbar (Bestellrhythmusverfahren), aber in der Regel wird der Beschaffungsprozess bei Erreichen eines bestimmten Bestandes eingeleitet (Bestellpunktverfahren).

Beim Bestellpunktverfahren wird die Warenbeschaffung eingeleitet, wenn der Bestand im Lager auf eine bestimmte Tiefe (Meldebestand) abgesunken ist. Ist der Meldebestand erreicht, wird die kostenoptimale Bestellmenge beschafft.

Der Sommelier überprüft im Rahmen der monatlichen Inventur den Bestand in den Regalen des Weinkellers. Für den Weißwein mit der Artikelnummer 152 ermittelt er einen Ist-Bestand von 266 Flaschen mit einem Nennvolumen von 0,75 l. Auf der Lagerfachkarte steht als Angabe für den Mindestbestand 21 Flaschen, die Angabe für den Meldebestand kann er nicht entziffern.

Ermitteln Sie den Meldebestand und die Anzahl der Tage, nach denen die nächste Bestellung ausgelöst werden muss, wenn der durchschnittliche Tagesverbrauch dieses Artikels bei 7 Flaschen liegt und der Winzer innerhalb von 7 Tagen liefert.

(Feld für Nebenrechnungen)

LERNSITUATION: EINKAUFSPLANUNG

Thema: Preisplanung

Aufgabe 5:

Ein optimaler Einkauf der Waren erfordert grundsätzlich eine sorgfältige Planung der Preisobergrenzen („Zu welchem Preis soll gekauft werden?").

Für die Werbewoche „Weinland Nahe – das Probierstübchen Deutschlands" im Café-Restaurant Wien möchte der F & B-Manager Schoppenweine (in der Karaffe mit 0,2 l Nennvolumen) bis zu einem Verkaufspreis von 3,50 € anbieten. Er kalkuliert knapp, nämlich mit 155% Gemeinkosten, 28% Gewinn, 12% Bedienungsgeld und 19% MWSt.

Ermitteln Sie den höchstens aufzuwendenden Bezugspreis für Naheweine in Literflaschen!

Inklusivpreis (1 l) − Umsatzsteuer	119% 19%				
= Nettoverkaufspreis − Bedienungsgeld	100%	112% 12%			
= Geschäftspreis − Gewinn		100%	128% 28%		
= Selbstkosten − Gemeinkosten			100%	255% 155%	
= Materialkosten (= Bezugspreis)				100%	

Aufgabe 6:

Die Untersuchung (ABC-Analyse) der im Hotel benötigten Roh- und Hilfsstoffe ergibt zumeist, dass ein verhältnismäßig großer Anteil des Wareneinsatzes auf eine geringe Anzahl häufig benötigter und zugleich teurer Warensorten entfällt. Um Kosten zu sparen, muss der Einkauf gerade dieser Warensorten (sogenannte A-Güter) exakt geplant und kontrolliert werden.

Für die Herstellung der Speisen und Getränke während der asiatischen Spezialitätenwoche werden 10 Roh- und Hilfsstoffe mit unterschiedlichen Mengen und Preisen benötigt. Rohstoffe, deren Anteil am wertmäßigen Gesamteinsatz
− 10% und mehr ausmacht, werden als A-Güter,
− 5% bis unter 10% ausmacht, werden als B-Güter eingeteilt.

Ermitteln Sie den wert- und mengenmäßigen Anteil der A-, B- und C-Güter!

1	2	3	4	5	6	7	8	9	10
\multicolumn{10}{c}{ABC-Analyse bei Beschaffungsgütern einer asiatischen Spezialitätenwoche}									
Artikel-Nr.	Menge	Preis	Gesamt-wert in €	\multicolumn{2}{c}{A-Güter (10% und mehr des wertmäßigen Gesamteinsatzes)}		\multicolumn{2}{c}{B-Güter (5% bis unter 10%)}		\multicolumn{2}{c}{C-Güter (weniger als 5%)}	
				Wert %	Menge %	Wert %	Menge %	Wert %	Menge %
1	65	4,50							
2	20	94,50							
3	55	0,95							
4	85	1,00							
5	70	1,35							
6	10	139,00							
7	50	1,25							
8	50	9,00							
9	20	99,00							
10	25	13,90							
Summe	450								

[Angaben: (Spalte 4) > Mengeneinheiten x Bezugspreis je Einheit (€);
                       > die Summe ergibt den wertmäßigen Gesamteinsatz der 10 aufgelisteten Artikel;
         (Spalte 5/7/9) > wertmäßiger Anteil des Artikels an der Gesamtsumme des Wareneinsatzes;
         (Spalte 6/8/10) > mengenmäßiger Anteil des Artikels an der Gesamtmenge der 10 aufgelisteten Artikel.]

Ergebnis: Die Wertklasse A enthält nur 3 der 10 Artikel, verursacht aber einen Beschaffungsaufwand von ☐ %. Bei ihr ist besonders auf günstige Einkaufsbedingungen zu achten.

LERNSITUATION: WARENBESCHAFFUNG

Thema: Bezugsquellenermittlung — 161

Situation

In der ersten Maiwoche ist die australische Hockey-Nationalmannschaft zu Gast im Hotel Europa. Für ein geplantes Galadinner benötigt der Küchenchef 30 kg bratfertiges Kängurufleisch. Da Kängurufleisch bisher nicht im Angebot war, muss er im April zunächst Lieferanten ausfindig machen.

Aufgabe 1:

Bringen Sie die Arbeitsschritte beim Einkauf des Kängurufleisches in eine sinnvolle Reihenfolge, indem Sie die Ziffern 1 bis 9 in die Kästchen vor den Arbeitsschritten eintragen!

- [ ] Einhaltung der vereinbarten Lieferzeit überwachen
- [ ] Einlagern der Ware im Kühlraum für Fleisch bei 0 °C bis 4 °C
- [ ] Bestellung von 30 kg Kängurufleisch per Telefax
- [ ] Angebote einholen
- [ ] Angebotsvergleich durchführen
- [ ] Auspacken der Ware, hygienischer/optischer Zustand der Ware sowie die Temperatur bei Anlieferung (< 7 °C) prüfen
- [ ] Adressen möglicher Lieferanten in Erfahrung bringen
- [ ] Auftragsbestätigung per Telefax
- [ ] Warenannahme im Beisein des Lieferanten

Aufgabe 2:

Aufgrund seiner bisherigen Einkäufe verfügt der Küchenchef des Hotels Europa über Marktkenntnisse, Geschäftsverbindungen und eine interne Bezugsquellenkartei. Bei guten Einkaufserfahrungen wird er von seinen bisherigen Anbietern vorrangig Angebote einholen. Für den Einkauf von Kängurufleisch bietet sich dem Küchenchef die Chance, neue Kontakte zu Anbietern auf dem Beschaffungsmarkt außerhalb der bestehenden Geschäftsverbindungen zu knüpfen.

Ergänzen Sie die Übersicht, indem Sie in Ihrem Fachbuch oder in anderen Medien neue, zusätzlich zu den bestehenden Geschäftsverbindungen infrage kommende Einkaufskontakte aufführen!

Informationen über Bezugsquellen lassen sich gewinnen z. B. durch:	
a)	Empfehlungen von Kollegen
b)	
c)	
d)	
e)	
f)	
g)	

LERNSITUATION: WARENBESCHAFFUNG

Thema: Anfrage

Situation

Da in der ersten Maiwoche die australische Hockey-Nationalmannschaft zu Gast im Hotel Europa ist, plant der Sommelier, für das geplante Galadinner körperreiche australische Rotweine der Rebsorte Shiraz im Barriqueausbau anzubieten.

Aufgabe 3:

Wenn für den Bezug australischer Weine mehrere Bezugsquellen zur Auswahl stehen, kann der Sommelier als Einkäufer durch gezielte Anfragen die für die Kaufentscheidungen wichtigen Kriterien (Qualität der Weine, Preis, Liefer- und Zahlungsbedingungen etc.) ermitteln.

Er erhält aufgrund seiner schriftlichen Anfrage von der Weingroßhandlung Weiß folgendes Antwortschreiben:

Weingroßhandlung Weiß OHG
* * * * *
Charlottenburger Allee 212 · 10155 Berlin

Weingroßhandlung Weiß OHG · 10155 Berlin

Hotel Europa
Herr Kümmel
Unter den Linden 1–10

10200 Berlin

Tel. 7779886-0
Fax 7779812
E-Mail: wein.weiss@t-online.de
www.wein-weiss.de

Ihr Zeichen, Ihre Nachricht vom	Unser Zeichen, unsere Nachricht vom	Telefon, Name	Datum
Kü-tr, XX-03-25	Mü-tr	7779886-12 Frau Müller	XX-04-02

Angebot an australischen Qualitätsweinen

Sehr geehrter Herr Kümmel,

wir danken für Ihre Anfrage vom 25. März und bieten die folgenden **australischen Shiraz-Rotweine** mit einer **Lieferzeit** von 7 Tagen und einem Zahlungsziel von 14 Tagen netto Kasse an:

20.. PENFOLDS PRIVATE BIN Penfolds in Adelaide/South Eastern Australia
     Shiraz, Cabernet Sauvignon **Barriqueausbau** zu 7,70 € netto je Flasche zuzüglich gesetzl. USt

20.. MAGLIERI Shiraz Maglieri Wine in McLaren/South Australia
     Barriqueausbau zu 10,20 € netto je Flasche zuzüglich gesetzl. USt

20.. TATACHILLA Shiraz Tatachilla Winery in McLaren Vale/South Australia
     Barriqueausbau zu 11,60 € netto je Flasche zuzüglich gesetzl. USt

Die Lieferung erfolgt ab 300,00 € Netto-Warenwert <u>frei Haus</u>. Wenn nicht anders angegeben, enthalten alle Weinflaschen 0,75 Liter.

Gerne bringen wir je eine Flasche als **Probe** zum Versand mit dem UPS-Paketdienst in der Hoffnung, dass diese Weine Ihrer Vorstellung entsprechen und wir Ihre Bestellung erwarten dürfen.

Mit freundlichen Grüßen

Weingroßhandlung Weiß OHG Anlage

i.A. *A. Müller* Gesamtpreisliste

Müller, Verkauf Gastronomie

LERNSITUATION: WARENBESCHAFFUNG

Thema: Anfrage 163

Entwerfen Sie anhand des schriftlichen Angebots der Weingroßhandlung Weiß OHG das von Ihnen vorausgegangene Schreiben mit der Anfrage!

Beachten Sie dabei besonders die im Schreiben unterstrichenen Stellen.

Unter den Linden 1–10 · 10200 Berlin

Tel.: 030/453654 · Fax: 030/453455 · E-Mail: info@hotel-europa.de

Hotel Europa · Unter den Linden 1–10 · 10200 Berlin

Tel. +49409876-0
Fax +49409876-3211

Ihr Zeichen, Ihre Nachricht vom	Unser Zeichen, unsere Nachricht vom	Telefon, Name	Datum
	Kü-tr	400876-12	XX-03-25

Bankverbindung: Berliner LB, Konto-Nr. 3124983, BLZ 40050090

LERNSITUATION: WARENBESCHAFFUNG

Thema: Preisangaben im Angebot

Situation

Bei gleicher Qualität der angebotenen Ware gibt in der Regel der günstigste Preis den Ausschlag für die Auswahl. Um die Angebotspreise verschiedener Lieferer auf eine einheitliche Vergleichsbasis zu stellen, müssen unterschiedliche Preisabschläge (z. B. Rabatte) und Preiszuschläge (z. B. Verpackungs-, Transportkosten) berücksichtigt werden (Bezugskalkulation).

Aufgabe 4:

Lieferanten gewähren häufig Preisnachlässe. Erklären Sie folgende Begriffe und geben Sie Beispiele an!

Nettopreise	
Bruttopreise	
Rabatt	
Bonus	
Skonto	

Aufgabe 5:

Das Angebot eines Verkaufsmitarbeiters der Firma Gastroservice GmbH auf der Gastronomiemesse „Berlin Kulinarium" für das Front-Cooking-Set Future 12 der Firma Küppersbusch lautet: 27550,00 € netto zuzüglich gesetzlicher Umsatzsteuer. Bei sofortiger Bestellung am Messestand wird ein Sonderrabatt von 15 % gewährt. Lieferungsbedingungen: ab Lager Berlin-Kreuzberg, Verpackungs- und Transportkostenpauschale 420,00 €.

Ermitteln Sie für eine einheitliche Vergleichsbasis den Bezugspreis netto!

(Anmerkung: Gewährte Preisnachlässe sind abzuziehen, Beschaffungskosten hinzuzurechnen!)

	Listenpreis netto	
−	Messerabatt	
=	Einkaufspreis netto	
+	Beschaffungskosten	
=	Bezugspreis	

LERNSITUATION: WARENBESCHAFFUNG
Thema: Lieferungsbedingungen beeinflussen den Preis

165

Aufgabe 6:

Der Sommelier des Hotels Europa bestellt bei dem Weingut Juliusspital in Würzburg 120 Kartons à sechs 0,75-l-Bocksbeutel 20XXer Würzburger Pfaffenberg Silvaner Qualitätswein trocken (Versendungskauf).
Für die Versandkosten gelten folgende Tarife:

Transportkosten für die Anfuhr zum Versendebahnhof Würzburg 40 €,

Verladekosten 10 €,

Bahnfracht 150 €,

Entladekosten 10 €,

Transportkosten für die Zufuhr vom Bestimmungsbahnhof Berlin 50 €.

a) Wie hoch sind die Transportkosten, die jeweils bei folgenden Vertragsklauseln vom Vertragspartner Hotel Europa zu bezahlen sind?

Lieferungs-bedingung	Wer trägt die Kosten des Versands?	Versandkosten, die der Käufer zu tragen hat
ab Werk, ab Lager		
frei Haus, frei Lager, frei Werk		
unfrei, ab hier		
frei Waggon		
frei, frachtfrei, frei Bestimmungsort		

b) Erläutern Sie die folgenden vertraglichen Regelungen für die Lieferzeit sowie die gesetzliche Regelung, die immer dann gilt, wenn für die Lieferung in den vertraglichen Regelungen kein bestimmter Termin bzw. keine Frist gesetzt wurde.

(Lösungshinweis: Die notwendigen Informationen finden Sie in Ihrem Wirtschaftslehre-Schulbuch bzw. im Gesetzestext: § 271 BGB)

	Erläuterungen
Vertragliche Regelung: „Lieferung Ende Juni" (Terminkauf)	
Vertragliche Regelung: „Lieferung am 15. Juni 20xx fix" (Fixkauf)	
Vertragliche Regelung: Kauf auf Abruf	
Gesetzliche Regelung	

LERNSITUATION: WARENBESCHAFFUNG

Thema: Angebotsvergleich

Aufgabe 7:

Im Zuge der geplanten Betriebsumstrukturierung soll auch ein Front-Cooking-Set angeschafft werden. Der F & B-Manager hat verschiedene Angebote eingeholt; drei liegen inzwischen schriftlich vor:

> Angebot 1: 4160,00 € ab Werk, Ziel zwei Monate, bei Barzahlung 2% Skonto.
> Angebot 2: 4200,00 € frei Haus, Ziel zwei Monate netto oder Kasse innerhalb von 14 Tagen mit 1% Skonto.
> Angebot 3: 4128,00 € ab Station netto Kasse.

Welches Angebot ist das günstigste Angebot, wenn für Fracht 96,00 €, für An- und Zufuhr je 32,00 € zu rechnen sind?

	1. Angebot	2. Angebot	3. Angebot
Angebotspreis − Skonto + Anfuhr + Fracht + Zufuhr			
Bezugspreis			

Ergebnis: Das ___ Angebot mit dem _____ Angebotspreis ist das günstigste.

Aufgabe 8:

Dem Sommelier liegen zwei Angebote vergleichbarer Flaschenkühlschränke vor:

> Angebot A: Listenpreis 1190,00 €, 10% Sonderrabatt, bei Zahlung innerhalb von 14 Tagen 2% Skonto, Lieferung frei Bestimmungsbahnhof, Rollgeld 6,50 €.
> Angebot B: Listenpreis 1205,00 €, 10% Sonderrabatt, netto Kasse, Lieferung frei Haus.

Wie viel Euro beträgt der Preisunterschied zwischen den Angeboten A und B?

	Angebot A	Angebot B
Listenpreis − Rabatt		
Angebotspreis − Skonto + Rollgeld		
Bezugspreis		

Ergebnis: Der Preisunterschied zwischen den Angeboten A und B beträgt _____.

LERNSITUATION: WARENBESCHAFFUNG

Thema: Bestellung

Situation

Bisher wird die professionelle Wäschepflege sowie die Reinigung der vom Hotel für die Frontberufe gestellten Berufskleidung von spezialisierten, externen Wäschereien und Reinigungsunternehmen besorgt. Aufgrund einer betriebswirtschaftlichen Vergleichsrechnung der Direktion des Hauses, eines Kostenvergleichs der Wäschepflege in Eigen- bzw. in Fremdregie, soll in Zukunft zunächst die Berufskleidung in Eigenregie gewaschen werden. Im Zuge der Einrichtung der eigenen Wäscherei wird auch eine Hotelwaschmaschine benötigt.

Aufgabe 9:

Die stellvertretende Direktorin des Hotels hat von der Einkaufsabteilung verschiedene Angebote einholen lassen. Heute ist das nachstehende Angebot eingetroffen.

Gastronomiebedarf

Handel GmbH & Co. KG
Großmarkt; Warschauer Str. 76, D-10233 Berlin
Ust-ID.Nr.: DE 12356709

Hotel Europa
Unter den Linden 1–10
10200 Berlin

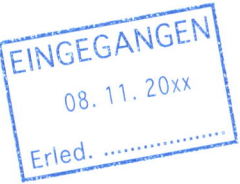
EINGEGANGEN
08. 11. 20xx
Erled. ....

	Angebotsnummer	Datum
	678	06.11.20xx

Angebot Industriewaschmaschine

Sehr geehrte Frau Voßwinkel,

bezüglich Ihrer Anfrage bei unserem Vertreter Herrn Marx unterbreiten wir folgendes Angebot:

Artikel-Nr.	Artikelbezeichnung	Menge	Preis/Einheit
44-12	Industriewaschmaschine (Miele 1212)	1	2950,00 € netto zuzüglich gesetzl. USt.

Bei Bestellungen bis Ende Dezember 20xx gewähren wir einen Sonderrabatt von 12 %.
Die Lieferung erfolgt frei Haus.

Zahlungsbedingungen:
2 % Skonto bei Zahlung innerhalb von 7 Tagen ab Rechnungseingang, danach 30 Tage netto Kasse.

Wir danken für das Interesse und verbleiben mit freundlichen Grüßen

B. Mayer
(Verkauf)

Bankverbindung: Berliner-Landesbank, Kontonummer: 306 192 6 BLZ 400 500 90
Handelsregister: Amtsgericht Charlottenburg von Berlin, HR 33 55 02

Das Hotel Europa will sich von der Leistungsfähigkeit der Industriewaschmaschine vor einer endgültigen Kaufentscheidung erst überzeugen. Herr Marx, der Handelsvertreter der Gastronomiebedarf Handel GmbH & Co. KG, bietet dem Hotel an, die Waschmaschine eine Woche lang kostenlos zu testen und sich anschließend für den Kauf oder die Rückgabe zu entscheiden.

LERNSITUATION: WARENBESCHAFFUNG

Thema: Bestellung

a) Um welche der folgenden Arten des Kaufs handelt es sich dabei?

   (Lösungshinweis: Die notwendigen Informationen finden Sie in Ihrem Wirtschaftslehre-Schulbuch bzw. im Gesetzestext: §§ 454, 455 BGB, 345 HGB)

   1. einseitiger Handelskauf
   2. zweiseitiger Handelskauf
   3. Kauf nach Probe
   4. Kauf auf Probe
   5. Kauf zur Probe

b) Die Direktion des Hotels Europa entscheidet sich für das vorliegende Angebot. Verfassen Sie die schriftliche Bestellung und verweisen Sie dabei auf das zugesicherte Rückgaberecht.

Unter den Linden 1–10 · 10200 Berlin

Hotel Europa · Unter den Linden 1–10 · 10200 Berlin

Tel. +49409876-0
Fax +49409876-3211

Ihr Zeichen, Ihre Nachricht vom   Unser Zeichen, unsere Nachricht vom   Telefon, Name   Datum

Bankverbindung: Berliner Landesbank, Kontonummer: 3124983 BLZ 40050090

LERNSITUATION: LIEFERUNGSÜBERWACHUNG
Thema: Ausbleibende/verspätete Lieferung

Situation
Der geordnete Betriebsablauf erfordert, dass der Käufer die Einhaltung der vereinbarten Lieferzeit überwacht. Im Hotel Europa erfolgt die Terminüberwachung durch EDV. Die gespeicherten Liefertermine können jederzeit und sofort abgerufen werden.

Aufgabe 1:

Das Hotel Europa hatte für die anstehende Spargelsaison bei der Weingroßhandlung Weiß OHG, Charlottenburger Allee 212, 10155 Berlin, am 28. Februar

96 1/1 Flaschen (Bocksbeutel) 20.. Iphöfer Kalb, Silvaner, trocken, Qualitätswein   zu 5,95 € je Flasche,
60 1/1 Flaschen (Bocksbeutel) 20.. Randersacker Ewig Leben, Silvaner, trocken, Kabinett zu 6,75 € je Flasche,

unter der Auftragsnummer 1741 bestellt.

a) Wann muss die Weingroßhandlung Weiß OHG liefern, wenn keine Lieferzeit vereinbart wurde?

   (Lösungshinweis: Die notwendigen Informationen finden Sie in Ihrem Wirtschaftslehre-Schulbuch bzw. im Gesetzestext: § 271 BGB)

   _____

   _____

b) Die Auftragsbestätigung vom XX-03-01 liegt vor. Da bis zum 20. März die Lieferung nicht erfolgte, soll der Lieferer mit angemessener Nachfrist (1 Woche) gemahnt werden.

   Welche Voraussetzungen müssen gegeben sein, damit die Weingroßhandlung Weiß OHG in Verzug gerät?

   (Lösungshinweis: Die notwendigen Informationen finden Sie in Ihrem Wirtschaftslehre-Schulbuch bzw. im Gesetzestext: § 286/§ 276 BGB)

   _____

   _____

   _____

   _____

c) Welche Rechte hat das Hotel Europa beim „Lieferungsverzug"?

   (Lösungshinweis: Die notwendigen Informationen finden Sie in Ihrem Wirtschaftslehre-Schulbuch bzw. im Gesetzestext: §§ 323 ff. BGB)

   Unter Setzen einer Nachfrist kann der Käufer

   _____

   _____

   _____

   Nach Setzen und Verstreichen einer angemessenen Nachfrist kann der Käufer

   _____

   _____

d) Verfassen Sie das Mahnschreiben! Weisen Sie darin auch auf mögliche Verzugsfolgen hin!

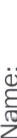

LERNSITUATION: LIEFERUNGSÜBERWACHUNG
Thema: Ausbleibende/verspätete Lieferung

Hotel Europa
★★★★

Unter den Linden 1–10 · 10200 Berlin

Hotel Europa · Unter den Linden 1–10 · 10200 Berlin

Tel. +49409876-0
Fax +49409876-3211

Ihr Zeichen, Ihre Nachricht vom   Unser Zeichen, unsere Nachricht vom   Telefon, Name   Datum

Bankverbindung: Berliner LB, Konto-Nr. 3124983, BLZ 40050090

LERNSITUATION: LIEFERUNGSÜBERWACHUNG
Thema: Mangelhafte Lieferung (Schlechtleistung)

171

Situation

Bei der Warenannahme im Betrieb muss die unverzügliche Prüfung der eingegangenen Ware sichergestellt werden.

Bei Beanstandungen kann die Annahme der Sendung verweigert oder vom Überbringer eine Bescheinigung des Sachmangels verlangt werden, damit die Rechte aus der Mängelrüge geltend gemacht werden können.

Aufgabe 1:

Bringen Sie die Arbeitsschritte bei der Warenannahme in eine sinnvolle Reihenfolge, indem Sie die Ziffern 1 bis 7 in die Kästchen vor den Arbeitsschritten eintragen!

☐ Kontrolliert werden auch einwandfreie Beschaffenheit, Verpackungsgröße und das Mindesthaltbarkeitsdatum.

☐ Fehlerfreie Waren werden in die entsprechenden Lagerräume eingeordnet.

☐ Danach wird die Transportverpackung entfernt und die ausgepackte Ware ebenfalls geprüft.

☐ Bei der Anlieferung (in Anwesenheit des Lieferanten oder des Frachtführers) hat das Lagerpersonal zu prüfen, ob die Verpackung unversehrt ist (bzw. die Ware selbst, falls sie unverpackt ist), ob die Waren nach Art, Menge und Güte mit den Angaben in den Begleitpapieren und den Bestellungsdurchschriften übereinstimmen.

☐ Die Daten aus den Begleitpapieren sowie der Eingangsrechnung werden in das Wareneingangsbuch (in der Regel als Datei mithilfe von Datenverarbeitungsanlagen im Rahmen eines Warenwirtschaftssystems geführt) eingetragen.

☐ Die neu eingegangene Ware wird auf den Lagerfachkarten (Kontrollkarten an den Lagerfächern) festgehalten und hinter den Altbeständen einsortiert.

☐ Bei Beanstandungen kann die Abnahme der Sendung verweigert werden oder vom Überbringer eine Bescheinigung des Mangels verlangt werden, damit die Gewährleistungsrechte geltend gemacht werden können.

Aufgabe 2:

Welche Sachmängel können bei der Warenanlieferung auftreten?

(Lösungshinweis: Die notwendigen Informationen finden Sie in Ihrem Wirtschaftslehre-Schulbuch bzw. im Gesetzestext: § 434 BGB)

Sachmängel:	
1.	
2.	
3.	
4.	
5.	
6.	
7.	

(Beachte § 435 BGB: Rechtsmängel, z.B. Verkäufer ist nicht Eigentümer)

LERNSITUATION: LIEFERUNGSÜBERWACHUNG
Thema: Mangelhafte Lieferung (Schlechtleistung)

Aufgabe 3:

Trotz gewissenhafter Prüfung sind versteckte Mängel der Kaufsache (z.B. muffiger Geruch beim Wein) bei Übergabe zunächst nicht erkennbar, sondern kommen erst später, d.h. nach der erfolgten Übergabe, zum Vorschein bzw. sind erst dann erkennbar. Gewährleistungsrechte lassen sich nur innerhalb bestimmter Fristen geltend machen; sind die Mängelfristen abgelaufen, kann das Hotel Europa (= Käufer) sie (gerichtlich) nicht mehr geltend machen.

a) Welche Verjährungsfristen gelten beim zweiseitigen Handelskauf?
   (Lösungshinweis: Die notwendigen Informationen finden Sie in Ihrem Wirtschaftslehre-Schulbuch bzw. im Gesetzestext: § 438 BGB)

   _____

   _____

   (Durch Vertrag kann der Verkäufer seine Haftung beliebig verkürzen oder ausschließen!)

b) Welche Gewährleistungsrechte für Mängel in der Lieferung stehen dem Käufer der Ware zu?
   (Lösungshinweis: Die notwendigen Informationen finden Sie in Ihrem Wirtschaftslehre-Schulbuch bzw. im Gesetzestext: § 437 BGB)

   1) Vorrangig: _____

   2) Nachrangig: _____

   _____

   _____

Aufgabe 4:

Das Hotel Europa hatte für die anstehende Spargelsaison bei der Weingroßhandlung Weiß OHG, Charlottenburger Allee 212, 10155 Berlin, am 28. Februar

96 1/1 Flaschen (Bocksbeutel) 20.. Iphöfer Kalb, Silvaner, trocken, Kabinett   zu 5,95 € je Flasche,
60 1/1 Flaschen (Bocksbeutel) 20.. Randersacker Ewig Leben, Silvaner, trocken, Spätlese zu 6,75 € je Flasche,

unter der Auftragsnummer 1741 bestellt. Die Lieferung erfolgte am 25. März.

Schreiben Sie eine Mängelrüge an die Weingroßhandlung Weiß!

Beachten Sie folgende inhaltliche Schwerpunkte:

1) Bestätigung der Warenlieferung,
2) Hinweis auf Mängel,
3) genaue Mängelbeschreibung: Falschlieferung; Einwegkartons falsch etikettiert;
   Inhalt: jeweils 6 Bocksbeutel Randersacker Ewig Leben, Riesling, Kabinett,
4) Hinweis auf rechtliche Situation,
5) Vorschlag zur Behandlung der Situation und/oder Bitte um Stellungnahme des Lieferanten.

LERNSITUATION: LIEFERUNGSÜBERWACHUNG
Thema: Mangelhafte Lieferung (Schlechtleistung)

Unter den Linden 1–10 · 10200 Berlin

Hotel Europa · Unter den Linden 1–10 · 10200 Berlin

Tel. +49409876-0
Fax +49409876-3211

Ihr Zeichen, Ihre Nachricht vom   Unser Zeichen, unsere Nachricht vom   Telefon, Name   Datum

Bankverbindung: Berliner LB, Konto-Nr. 3124983, BLZ 40050090

174 LERNSITUATION: LIEFERUNGSÜBERWACHUNG

Thema: Prüfung/Buchung der Eingangsrechnung

Aufgabe 5:

Die Rechnungsprüfung umfasst zum einen die Kontrolle der sachlichen Übereinstimmung mit dem Kaufvertrag; zum anderen beinhaltet sie die Kontrolle der rechnerischen Übereinstimmung mit den Kaufvertragsdaten.

Am 5. Januar bestellte der F & B-Manager des Hotels bei der Gastronomiebedarf Handel GmbH & Co. KG die folgende Ware:

- 15 kg Rinderfilet,
- 4 kg getrocknete Morcheln,
- 10 Flaschen Champagner Pommery brut,
- 3 Flaschen Cognac Otard XO.

Die Ware wurde entsprechend der Bestellung am 6. Januar geliefert.

Ist die am 8. Januar im Hotel Europa eingegangene Rechnung sachlich und rechnerisch richtig?

Verbessern Sie die Eingangsrechnung, falls sie Fehler enthält.

Gastronomiebedarf
Handel GmbH & Co. KG
Großmarkt; Warschauer Str. 76, D-10233 Berlin
Ust-ID.Nr.: DE 12356709

Hotel Europa
Unter den Linden 1–10
10200 Berlin

EINGEGANGEN
08. 01. 20xx
Erled. ....

Kunden-Nr.	Rechnungs-Nr.	Rechnungs-Datum
29461038	00247	06.01.20xx

Rechnung

Artikel Nr.	Artikel- bezeichnung	Menge	Einzel- preis	Gesamt- preis	MWSt
63300	Rinderfilet	15 kg	14,80	222,00	1
74820	Getr. Morcheln	4 kg	33,80	135,20	1
92800	Champagner	10 Fl.	32,00	320,00	2
33350	Cognac Otard XO	3 Fl.	35,00	105,00	2
	SUMME-NETTO			782,20	
	SU-Netto 7 %		425,00	29,75	
	SU-Netto 19 %		357,20	67,87	
	SUMME			879,82	

Zahlbar innerhalb von 7 Tagen netto.

Berliner LB, Konto-Nr. 306 192 6, BLZ 400 500 90

Aufgabe 6 (zur Vertiefung):

Ergänzen Sie den Lückentext über Buchungen zum Einkauf durch folgende Begriffe:

> Aufwandskonto   Eingangsrechnungen   Kontokorrent   Liefererskonti   Nettoverfahren   Rabatte
> Verbindlichkeiten aus Lieferung und Leistung   Vorsteuer   Warenminderung

Für jeden Lieferer wird ein eigenes Konto geführt, das sogenannte _____. _____, in der _____ offen abgesetzt, werden bei der Buchung nicht berücksichtigt. Gelieferte Roh- und Hilfsstoffe (Waren), die nicht auf Lager genommen, sondern direkt verbraucht werden, sind dem entsprechenden _____ zu belasten. Warenwert und Umsatzsteuer werden netto getrennt erfasst (= _____). Beim Buchen von _____ (ER) wird die in Rechnung gestellte Lieferung oder Dienstleistung immer im Soll gebucht; die Umsatzsteuer wird als _____ _____ im Soll gebucht. Es entsteht eine _____.

In Anspruch genommene _____ bewirken beim Käufer eine Minderung der Anschaffungskosten für die gelieferten Waren. Als Folge der _____ verringert sich auch der auf die Waren entfallende Vorsteuerbetrag. Beide Werte müssen korrigiert werden.

PRÜFUNGSFRAGEN WARENWIRTSCHAFT

1. Der Sommelier des Hotels Europa bestellt – nach Rücksprache mit der F&B-Managerin – am 11. 11. 2006 für Ende November bei der Weingroßhandlung Weiß 60 Flaschen Jahrgangssekt zu 4,80 € je Flasche. Frau Müller von der Weingroßhandlung Weiß schreibt sofort zurück, dass der Sekt nicht mehr lieferbar sei.

Anfang Dezember werden die bestellten 60 Flaschen Jahrgangssekt doch geliefert, nun jedoch zum Preis von 4,95 € je Flasche.

Welche der folgenden Aussagen zu dieser Situation sind zutreffend? Kennzeichnen Sie die zutreffenden Aussagen mit einer **1**, nicht zutreffende mit einer **2**!

Das Hotel Europa ist zur Abnahme des Sekts verpflichtet aufgrund der Bestellung vom 11. 11. 2006. ☐

Da durch die Absage der Weingroßhandlung Weiß die Bestellung erloschen ist, ist das Hotel Europa nicht zur Abnahme verpflichtet. ☐

Das Hotel Europa ist zur Abnahme des Sekts zum Preis von 4,95 € verpflichtet. ☐

Da kein Kaufvertrag zustande gekommen ist, muss der Sommelier unverzüglich die Rücksendung des Sekts veranlassen. ☐

Der Sommelier des Hotels Europa kann – nach Rücksprache mit der F&B-Managerin – den Sekt auch zum neuen Preis annehmen, die Annahme ist dann die zweite Willenserklärung, die den Kaufvertrag begründet. ☐

(5 Punkte)

2. Der Einkäufer des Hotels Europa beauftragt den Auszubildenden Peter, 10 Kartons Kopierpapier zu je 10 mal 500 Blatt zu bestellen. Er überreicht ihm deshalb ein Schreiben der Goldmann Vertriebsgesellschaft mbH, das er vor zwei Tagen per Brief erhalten hat. Dort liest er u.a.:

TIPP: TOLL IM PREIS

Kopierpapier holzfrei, weiß, 80 g/qm, DIN A4, 210 x 297 mm, ein Paket (500 Blatt) zu 2,95 € zuzüglich USt

Angebot freibleibend

Zwanzig Minuten später bestellt Peter telefonisch. Ein Mitarbeiter der Goldmann Vertriebsgesellschaft mbH teilt ihm mit, dass die Lieferung nicht erfolgen kann, da der Posten bereits ausverkauft sei.

Welche der nachstehenden Aussage ist in diesem Zusammenhang zutreffend?
Tragen Sie die Ziffer vor der zutreffenden Aussage in das Kästchen ein!

1 Das Hotel Europa kann die Lieferung zu den angegebenen Bedingungen einfordern, sobald die Goldmann Vertriebsgesellschaft mbH neues Kopierpapier erhalten hat.
2 Da das Angebot unverbindlich war, kann das Hotel Europa keinen Anspruch auf Lieferung geltend machen.
3 Das Hotel Europa kann die Goldmann Vertriebsgesellschaft wegen unlauteren Wettbewerbs verklagen.
4 Der Einkäufer des Hotels Europa kann bei einem anderen Lieferer kaufen und evtl. Schadenersatz wegen Nichterfüllung beanspruchen, d.h. die anfallenden Mehrkosten in Rechnung stellen.

(3 Punkte) ☐

3. Ein Angebot der Firma Gastronomiebedarf über 50 Spankörbe Aprikosen zu je 10 kg gibt über die Qualität der Ware keine Auskunft.

Welche Qualität ist zu liefern, wenn der Küchenchef aufgrund des Angebotes bestellt?

Tragen Sie die Ziffer vor der zutreffenden Aussage in das Kästchen ein!

1 Ware beliebiger Qualität,
2 Ware bester Art und Güte (Handelsklasse Extra),
3 Ware mittlerer Art und Güte (Handelsklasse I),
4 Ware niedrigster Art und Güte (Handelsklasse III),
5 Qualität nach Ermessen des Lieferers.

(3 Punkte) ☐

PRÜFUNGSFRAGEN WARENWIRTSCHAFT

4. Bei der Warenbeschaffung müssen die Verantwortlichen des Hotels Europa manchmal schnell entscheiden. In welcher der folgenden Fristen muss der Verantwortliche des Hotels in den unten stehenden Fällen auf das betreffende Angebot reagieren, damit es zu einem rechtswirksamen Kaufvertrag kommt?

> **Fristen**
> – ca. eine Woche (Kennziffer 1);
> – ca. ein Tag (Kennziffer 2);
> – solange das Gespräch dauert (Kennziffer 3).

Tragen Sie die Kennziffer der jeweils zutreffenden Frist in das Kästchen ein!

Fall A: Ein Salespromotion-Mitarbeiter der Firma Gastronomiebedarf Handel GmbH & Co. KG macht am Telefon dem Küchenchef sehr günstige Wochenangebote.

Fall B: Die Firma Schott-Zwiesel Trinkkultur bietet per Briefpost einen Restposten Cognacschwenker an.

Fall C: Die Fleischgroßhandlung Hahn & Kolb GmbH schickt einen Faxbrief mit der Preisliste für die 20. Kalenderwoche.

Fall D: Der Stammlieferer für Büromaterial, die Büro-Service GmbH Berlin, schickt Sonderangebote per E-Mail zu.

(4 Punkte)

5. Beim Angebotsvergleich für Wildschweinbraten bleiben zwei Lieferer mit dem gleichen Preis als günstigste Anbieter übrig. Welche der folgenden Einflussfaktoren werden aus wirtschaftlicher Sicht die Kaufentscheidung des Küchenchefs beeinflussen?

Kennzeichnen Sie die zutreffenden Aussagen mit einer **1**, die nicht zutreffenden mit einer **2**!

1 Qualität des Fleisches
2 Zuverlässigkeit/Termintreue/Kulanz des Lieferers
3 Freundlichkeit des Fahrers
4 Langjährige gute Geschäftsbeziehungen
5 Lieferungs- und Zahlungsbedingungen
6 Betriebsgröße
7 Unternehmensform

(7 Punkte)

6. Der Auszubildende Peter sortiert eine Vielzahl von schriftlichen Angeboten, die unterschiedliche Arten von Preisnachlässen enthalten.

Welche der folgenden Preisnachlässe liegen in den unten stehenden Fällen vor?

Preisnachlässe:
– Es wird kein Preisnachlass gewährt (Kennziffer 1)   – Mengenrabatt (Kennziffer 2)
– Sonderrabatt (Kennziffer 3)   – Treuerabatt (Kennziffer 4)
– Personalrabatt (Kennziffer 5)   – Naturalrabatt (Kennziffer 6)
– Bonus (Kennziffer 7)   – Skonto (Kennziffer 8)

Tragen Sie die Kennziffer des jeweils zutreffenden Preisnachlasses in das Kästchen ein!

Fall A: „Innerhalb von 30 Tagen netto oder innerhalb von 10 Tagen unter Abzug von 2 %"

Fall B: „Zahlbar netto Kasse"

Fall C: „Bei Abnahme von 200 Flaschen gewähren wir einen Nachlass von 10 %"

Fall D: „10 Kartons kaufen, 9 bezahlen"

(4 Punkte)

PRÜFUNGSFRAGEN WARENWIRTSCHAFT

7. Das Hotel Europa bestellte bei der EDV-Großhandlung Anselm & Sohne OHG zwei komplette PC für das Einkaufsbüro. Diese wurden am gleichen Tag, dem 6. Dezember 2009, durch einen ortsansässigen Spediteur geliefert.

    a) Am 20. Januar 2010 zeigten sich technische Fehler bei einem der Flachbildschirme. Wann muss das Hotel Europa diese Fehler rügen?

    Tragen Sie die Ziffer vor der zutreffenden Aussage in das Kästchen ein!

    1 Am 6. Dezember 2009, dem Tag der Lieferung.
    2 Sofort nach Entdeckung des Mangels, also am 20. Januar 2010.
    3 An einem beliebigen Tag zwischen dem 6. Dezember 2009 (Tag des Kaufs) und dem 6. Dezember 2011 (Ablauf der Verjährungsfrist).
    4 Bis spätestens 31. Dezember 2009.
    5 Spätestens ein Jahr nach der Lieferung, also bis zum 6. Dezember 2010.

    (3 Punkte)

    b) In dem Kaufvertrag wird nichts über die Kosten der Abnahme und Versendung der Ware vereinbart. Die EDV-Großhandlung Anselm & Sohne OHG und das Hotel Europa sind sich nicht einig, wer die 50,00 € Frachtkosten übernehmen soll.

    Wer hat in diesem Fall die Frachtkosten zu tragen?

    Tragen Sie die Ziffer vor der zutreffenden Antwort in das Kästchen ein!

    1 Die EDV-Großhandlung Anselm & Sohne OHG; Warenschulden sind „Bringschulden".
    2 Das Hotel Europa; Warenschulden sind „Holschulden".
    3 Die EDV-Großhandlung und das Hotel Europa je zur Hälfte, da beide es versäumt hatten, eine Regelung zu treffen.

    (3 Punkte)

8. Bei der Eingangskontrolle gelieferter Waren sind offene Mängel unverzüglich nach der Prüfung zu rügen. Welche der folgenden Aussagen beschreiben „offene Mängel" bei einer Ware?

    Tragen Sie die Ziffern vor den zwei zutreffenden Mängeln in die Kästchen ein!

    1 Beim Öffnen einer Konservendose mit geschälten Tomaten entweicht ein starker Geruch.
    2 Einige Gewürzbeutel mit Currypulver sind eingerissen.
    3 Die Lammkeulen schwitzen bei der Anlieferung.
    4 Die tiefgefrorenen Tiger Prawns erweisen sich nach dem Auftauen als verdorben.
    5 Fertigsoße bindet bei der Zubereitung nicht, weil sie falsch hergestellt wurde.

    (4 Punkte)

9. Die Auszubildende Amanda stellt bei der Eingangskontrolle einer Weinanlieferung leichte Beschädigungen an einigen Kartons fest.

    a) Wie verhält sich Amanda rechtlich korrekt?

    Tragen Sie die Ziffern vor den beiden zutreffenden Antworten in die Kästchen ein.

    1 Da keine Flecken zu sehen sind, lässt Amanda die Palette vom Spediteur in den Weinkeller stellen, unterschreibt den Lieferschein und prüft den Inhalt nach drei Tagen, weil sie dann mehr Zeit hat.
    2 Amanda prüft den Inhalt der beschädigten Kartons unverzüglich auf Bruch.
    3 Amanda lässt den Lieferer sämtliche Kartons öffnen und auf Bruch kontrollieren.
    4 Amanda vermerkt die Beschädigung der Kartons auf dem Lieferschein.

    (4 Punkte)

    b) Welches der folgenden Rechte kann das Hotel Europa laut BGB vorrangig geltend machen, falls Weinflaschen zu Bruch gegangen sind?

    Tragen Sie die Ziffer vor dem zutreffenden Recht in die Kästchen ein!

    1 Der Rechnungspreis kann vom Hotel anteilig gemindert werden.
    2 Das Hotel kann sofort vom Kaufvertrag zurücktreten, bei einem anderen Lieferanten Ersatz beschaffen und evtl. Mehrkosten als Schadenersatz in Rechnung stellen.
    3 Das Hotel kann die Lieferung einer mangelfreien Sache (Ersatzlieferung) verlangen.

    (3 Punkte)

PRÜFUNGSFRAGEN WARENWIRTSCHAFT

10. Der Einkäufer des Hotels Europa bestellt bei der Möbelfabrik Gastro-Trend-Design GmbH aus Gütersloh 15 Tische und 60 Stühle für das Café-Restaurant „Wien". Der Lieferer bestätigt schriftlich die vereinbarte Lieferzeit von sechs Wochen. Am Ende der sechsten Woche erhält die Einkaufsabteilung des Hotels Europa von der Gastro-Trend-Design GmbH die Nachricht, dass sich die Lieferung wegen unerwarteter Produktionsprobleme um ca. drei Wochen verzögere. Der verantwortliche Einkäufer möchte daraufhin vom Vertrag zurücktreten, da er mittlerweile vergleichbares Mobiliar zu einem um 15 % günstigeren Preis kaufen kann.

Welche der folgenden Aussagen beschreibt zutreffend die Rechtslage?

Kennzeichnen Sie die zutreffenden Aussagen mit einer **1**, nicht zutreffende mit einer **2**!

Das Hotel Europa kann von diesem Vertrag sofort zurücktreten, weil der andere Lieferer wesentlich günstiger liefern kann.

Da sich die Gastro-Trend-Design GmbH in Leistungsverzug befindet, kann das Hotel Europa von diesem Vertrag sofort zurücktreten.

Das Hotel als Käufer des Mobiliars kann von dem Vertrag erst dann zurücktreten, wenn die Gastro-Trend-Design GmbH als Vertragspartner nach Verstreichen einer angemessenen Nachfrist nicht liefert.

Von diesem Vertrag kann das Hotel Europa in keinem Fall zurücktreten.

(4 Punkte)

11. Die Bankettabteilung des Hotels Europa benötigt für den großen Silvesterball zusätzliche Champagnergläser. Das Einkaufsbüro bestellt daraufhin 180 Stück bei der Firma HoGa-Products, einer Großhandlung für Gastronomiebedarf. Als Liefertermin wird der 29. Dezember fest vereinbart. Am 22. Dezember teilt die Firma HoGa-Products dem Hotel Europa mit, dass die Lieferung wegen eines Irrtums ihrer Einkaufsabteilung erst in zwei Wochen, am 5. Januar erfolgen könne. Das Hotel Europa könnte die benötigten Gläser bei der Firma Schott-Zwiesel Trinkkultur termingerecht beziehen, allerdings 180,00 € teurer.

Wie muss sich der Einkäufer des Hotels verhalten, damit die Bankettveranstaltung trotzdem mit der benötigten Anzahl an Champagnergläsern durchgeführt werden kann und das Hotel Europa keinen wirtschaftlichen Schaden hat?

Tragen Sie die Ziffer vor der zutreffenden Antwort in das Kästchen ein!

Er kauft die 180 Champagnergläser bei der Firma Schott-Zwiesel Trinkkultur und

1. muss die bestellten Gläser von HoGa-Products aus rechtlichen Gründen trotzdem annehmen, weil ein Irrtum in jedem Betrieb vorkommen kann.
2. lehnt die verspätete Lieferung von HoGa-Products ab und fordert zusätzlich von der Firma 180,00 € Schadenersatz wegen Nichterfüllung.
3. muss die bestellten Gläser von HoGa-Products aus rechtlichen Gründen trotzdem annehmen, weil ein Irrtum in jedem Betrieb vorkommen kann; die Firma HoGa-Products muss allerdings 180,00 € Schadenersatz leisten.
4. weigert sich, die für den 5. Januar angekündigte Lieferung von HoGa-Products anzunehmen.

(2 Punkte)

12. Im Rahmen eines Sonderangebotes kauft das Hotel Europa eine moderne gewerbliche Gläserspülmaschine zum Preis von 2500,00 € für das Café-Restaurant „Wien". Bei Zahlung innerhalb von 5 Tagen kann das Hotel 2 % Skonto abziehen; die Zahlungsfrist beträgt 30 Tage. Das Bankkonto ist allerdings überzogen; der Sollzinssatz beträgt 13,75 % p.a.

Der Kreditrahmen für das Hotel lässt eine weitere Überziehung zu.

Ist es unter diesen Umständen sinnvoll, den Skontonachlass auszunutzen?

Tragen Sie die Ziffer vor der zutreffenden Antwort in das Kästchen ein.
1. Nein, da die Kreditzinsen der Bank den Skontoertrag deutlich übersteigen.
2. Nicht unbedingt; Skontoersparnis und Zinsen der Bank gleichen sich in etwa aus.
3. Ja, da die Zinsen der Bank niedriger sind als die Einsparungen, die bei Nutzung des Skontoabzugs möglich gewesen wären.

(3 Punkte)

PRÜFUNGSFRAGEN (FACHRECHNEN) WARENWIRTSCHAFT

13. Die Fleischerei Müller hat den Preis für Roastbeef vom Charolais-Rind erhöht. Das kg, das 17,20 € gekostet hat, ist jetzt um 1,35 € teurer geworden.

Um wie viel Prozent hat der Fleischlieferant seinen Preis erhöht?

(5 Punkte)

Zur Verbesserung der Liquidität und der Wirtschaftlichkeit prüft das Hotel Europa u. a. seine Lagerkennzahlen. Im Lager/Magazin wurden für das abgelaufene Geschäftsjahr 2006 folgende Zahlen ermittelt:

Warenanfangsbestand:	16.000,00 €
Wareneinsatz zu Einstandspreisen:	330.000,00 €
Warenendbestand laut Inventur:	28.000,00 €
Summe der zwölf Monatsendbestände:	270.000,00 €

Berechnen Sie

a) den durchschnittlichen Lagerbestand,

b) die Lagerumschlagshäufigkeit,

c) die durchschnittliche Lagerdauer in Tagen.

(Lösungshinweis: Arbeitsblätter Grundstufe)

(9 Punkte)

14. Die Auszubildende Amanda wird in der Bar-Lounge „Prag" eingesetzt. Sie soll für die Kaffeemaschine Vollmilch für die kommende Woche anfordern, damit der Küchenchef diese ggf. nachbestellen kann.

In der Bar-Lounge werden durchschnittlich pro Woche 150 Milchkaffee à 12 cl Milch, 180 Latte macchiato à 20 cl Milch und 150 Cappuccino à 5 cl Milch ausgeschenkt.

a) Wie viel cl Vollmilch werden für die Kaffeezubereitungen pro Woche benötigt?

b) Wie viel Tetrapacks Vollmilch à 1 l müssen von der Küche bereitgestellt werden?

(7 Punkte)

15. Für eine Sonderveranstaltung mit 55 Gästen soll auf Wunsch des Gastgebers Weißwein aus seiner Heimat Luxemburg eingekauft werden. Erfahrungsgemäß rechnet der Sommelier des Hotels Europa je Gast mit drei Gläsern à 0,1 l.

a) Wie viel Liter werden insgesamt ausgeschenkt?

b) Wie viel ganze Flaschen Weißwein (zu 0,75 l) müssen bereitgestellt werden, wenn erfahrungsgemäß mit einem Schankverlust von 2 % gerechnet wird?

(8 Punkte)

16. Der Sommelier des Hotels Europa soll – nach Rücksprache mit der F&B-Managerin – 240 Flaschen Winzersekt einkaufen. Folgende zwei Angebote kommen in Betracht:

1. Angebot der Weingroßhandlung Weiß: Angebotspreis pro Flasche 7,40 €
 (Lieferbedingungen: Bei Abnahme von 200 Flaschen 5,0 % Rabatt und Lieferung frei Haus);

2. Angebot der Weinhandlung Bacchus: Angebotspreis pro Flasche 6,95 €
 (Lieferbedingungen: Bei Abnahme von 300 Flaschen 4,5 % Rabatt, Lieferpauschale 24,00 €).

Berechnen Sie

a) den Einstandspreis pro Flasche der Weingroßhandlung Weiß,

b) den Einstandspreis pro Flasche der Weinhandlung Bacchus,

c) den Preisunterschied zwischen den Angeboten für die gesamte Lieferung.

(8 Punkte)

PRÜFUNGSFRAGEN (FACHRECHNEN) WARENWIRTSCHAFT

17. Die Finanzbuchhaltung des Hotels Europa zieht von einer Rechnung der EDV-Großhandlung Anselm & Sohne OHG, die für den Kauf zweier neuer PC ausgestellt wurde, 2 % Skonto ab. Der Rechnungsbetrag verringert sich dadurch um 109,60 €.

a) Über welchen Betrag lautet die ursprüngliche Summe?

b) Welcher Betrag muss nach Abzug von Skonto noch überwiesen werden?

(7 Punkte)

18. Das Hotel Europa erhält von der Firma HoGa-Products für die neu gestalteten Hotelzimmer der zweiten Etage Bettwäsche lt. nachstehender Rechnung.

Auszug aus der Rechnung

Rechnung Nr. 13782   **Berlin, 15. 03. 20XX**

EINGEGANGEN
16. 03. 2007
Erled.

Ihre Bestellung vom 07. 03. 20XX Ihr Zeichen

Anzahl	Bestellnummer	Bezeichnung	Einzelpreis netto (€)	Gesamtpreis (€)
180	5689	Garnituren Renforcé	18,00	3240,00
			19 % USt.	615,60
Rechnungsbetrag				3855,60

Zahlungsbedingungen: innerhalb von 7 Tagen ab Rechnungsdatum abzüglich 2 % Skonto
Innerhalb von 20 Tagen ab Rechnungsdatum ohne Abzug

Lieferbedingung: Frei Haus

Bis zur vollständigen Bezahlung bleibt die Ware unser Eigentum.

Mit freundlichem Gruß

Firma HoGa-Products

i. A. Andrea Peters

Am 18. 4. 20XX wird in der Finanzbuchhaltung bemerkt, dass die Rechnung noch nicht bezahlt ist. Welche der folgenden Aussagen ist in diesem Zusammenhang zutreffend?

Tragen Sie die Ziffer vor der zutreffenden Aussage in das Kästchen ein.

Das Hotel Europa befindet sich …

1 ab dem 23. 3. 20XX im Zahlungsverzug.
2 ab dem 15. 4. 20XX im Zahlungsverzug (30 Tage-Regelung).
3 am 18. 04. 20XX nicht im Zahlungsverzug, da bisher keine Mahnung vorliegt.
4 ab dem 5. 4. 20XX im Zahlungsverzug.

(4 Punkte)

19. Für eine Benefizveranstaltung, die in den Banketträumen des Hotels Europa stattfinden wird, stellt der Hauptsponsor 15000,00 € zur Verfügung. Nach dem Willen der Veranstalter sollen zwei Fünftel der Summe für ein kaltes Buffet verwendet werden. Der Küchenchef kalkuliert knapp mit einem Bruttoaufschlag von 190 %.

Wie viel Euro stehen der Küche für den Wareneinsatz zur Verfügung?

(7 Punkte)

SUDOKUS

gastro-SUDOKU

	A	B	C	D	E	F	G	H	J
I									
II									
III									
IV									
V									
VI									
VII									
VIII									
IX									

I Speisekartendeutsch: Was kann man erwarten?

A à la boulangère B Baden Baden C à la berlinoise D à la bordelaise
E à la florentine F à la jardinière G à la chasseur H à la meunière
J Rossini

1 Wildrahmsauce, mit Preiselbeeren gefüllte Weißweinbirne
2 Gänseleberscheibe, Trüffelscheibe, Madeirasauce
3 rohe Kartoffelscheiben mit Zwiebeln und Jus geschmort
4 Bordelaiser Sauce, blanchiertes Ochsenmark   5 Waldpilze, Croûtons
6 Apfelringe, Röstzwiebeln   7 Butter, Petersilie, Zitronenscheiben
8 Blattspinat, Mornaysauce   9 mit frischen Gemüsen umlegt (bukettweise)

II In welcher Reihenfolge ist es richtig? Sortiere

A Hauptrohstoff B Sättigungsbeilage C Sauce D Gemüse
E Garnitur F Zubereitungsart G Salat H kalte Beigaben
J Pilze

SUDOKUS

III Woher kommt welches Getränk?

A Marc de Champagne B Galliano C Madeira D Steinhäger
E Tequila F Gin G Selavie H Soldeica Pisco J Ywera

1 Österreich 2 Deutschland 3 Peru 4 Hawaii 5 Frankreich
6 Mexiko 7 England 8 Portugal 9 Italien

IV Deutscher Wein: Vom Besten zum Schlechtesten!

A Eiswein B Beerenauslese C Tafelwein D Q.b.A.
E Auslese F Trockenbeerenauslese G Kabinett H Landwein J Spätlese

V Welcher Weinort gehört in welches bestimmte deutsche Anbaugebiet?

A Walporzheim B Naumburg C Deidesheim D Wiltingen
E Bacharach F Johannisberg G Radebeul H Weikersheim J Würzburg

1 Mittelrhein 2 Pfalz 3 Mosel 4 Württemberg
5 Rheingau 6 Saale-Unstrut 7 Sachsen 8 Ahr 9 Franken

VI Französischer Wein: Weine und Orte gehören zu welchem Bereich?

A Château Mouton Rothschild B Nuits-St. Georges C Sancerre
D Edelzwicker E Château Pétrus F Chablis G Château Haut Brion
H Château d'Yquem J Châteauneuf-du-Pape

1 Sauternes 2 Graves 3 Côtes du Rhône 4 Côte d'or
5 Val de Loire 6 Chablis 7 Médoc 8 Alsace 9 Pomerol

VII Was ist drin?

A Caipirinha B White Lady C Whiskey Sour D Side Car
E Alexander F Gin Fizz G Americano H Manhattan J Daiquiri

1 Zitrone, Cointreau, Weinbrand, Eis
2 Zitrone, Cointreau, Gin, Eis
3 Campari, Wermut rot, Sodawasser, Zitronenschale, Eis
4 Zuckersirup, Zitrone, Dry Gin, Sodawasser, Eis
5 Weinbrand, Crème de Cacao braun, Sahne, Muskat, Eis
6 Angostura, Wermut rot, Canadian Whisky, Cocktailkirsche, Eis
7 Bourbon Whiskey, Zitrone, Zuckersirup, Orangenscheibe, Cocktailkirsche, Eis
8 Weißer Rum, Zitrone, Zuckersirup, Eis
9 Cachaça, Eis, Limette, Rohrzucker

VIII Was kann man erwarten? Fachkräfte kennen Bezeichnungen!?!

A Remouladensauce B Pommes allumettes C Cumberlandsauce
D Pommes duchesse E Cocktailsauce F Consommé double quenelles
G Pommes Berny H Consommé Célestine J Tatarensauce

1 Mayonnaise+gehackte Eier, Schnittlauch
2 Rinderkraftbrühe mit Streifen vom Kräutercrèpe
3 Orangen-, Zitronensaft und Orangenzesten, Johannisbeergelee, Preiselbeeren, Rotwein, Cayennepfeffer, englisches Senfpulver
4 passierte Kartoffeln + Ei, Trüffelwürfel, Gewürze
5 Kartoffeln in Streichholzform, frittiert
6 Mayonnaise + Gewürzgurken, Kapern, Sardellen, Kräuter und Senf
7 Mayonnaise, Ketchup, Zitronensaft, Cognac, Sahne, Meerrettich
8 doppelte Kraftbrühe mit Klößchen
9 passierte Kartoffeln mit Ei; aufgespritzt, im Ofen gebacken

IX Süßes zum Schluss – Was ist welche Leckerei?

A Brandteigtörtchen mit Sahne und Früchten gefüllt B Brandmassering, frittiert, glasiert
C Hefeteigring getränkt mit Alkohol + Zuckersirup D Bay. Krem mit Biskuitroulade umhüllt
E Förmchen mit Karamell, gefüllt mit Liaison, im Wasserbad gegart
F Crêpes in Orangensauce, flambiert G Milchreis + Sahne & Gelatine, Kirschwasserfrüchte
H Fruchtsaft mit Wein, Läuterzucker in der Maschine gefroren
J Eigelbe mit Zucker und Aroma aufgeschlagen + Sahne, gefrieren

1 Savarin 2 Crème caramel 3 Crêpes Suzettes 4 Windbeutel 5 Sorbet
6 Charlotte royal 7 Eisparfait 8 Spritzkuchen 9 Reis Trauttmannsdorff

SUDOKUS

Sudoku vom Essen & Trinken

	A	B	C	D	E	F	G	H	J
I									
II									
III									
IV									
V									
VI									
VII									
VIII									
IX									

I Schwein gehabt! Aber welches Teil?

A Schulter   B Kopf   C Eisbein
D Schinken   E Kamm   F Hachse
G Kotelettstück H Bauch   J Nierenstück

II Wie nennt der Franzose welche Schnittform?

A Mirepoix   B Salpicon   C Pommes frites
D Pommes allumettes   E Paysanne
F Brunoise   G Matignon
H Pommes pailles   J Pommes pont-neuf

III Wer macht was in der Küche?

A Alle Arten von Braten, Pfannengerichte, Frittiertes
B Gemüse, Pilze, Hülsenfrüchte
C Zerlegen und Ausbeinen von Schlachtfleisch, Pasteten, etc.
D Vertretungskoch
E Herstellen von Vorspeisenteilchen, Salaten
F Gerichte aus Fisch, Schalen- und Krustentieren
G Herstellung aller Kuchen, Torten und Desserts
H alle Suppen, Brühen mit ihren Einlagen
J Eierspeisen, Sättigungsbeilagen

1 Entremetier   2 Pâtissier   3 Poissonnier   4 Rôtissier
5 Boucher   6 Legumier   7 Tournant   8 Potager
9 Hors d'œuvrier

SUDOKUS

IV Gut gekühlt oder lieber zimmerwarm?

A −2 bis 0 °C   B 4 bis 6 °C   C 6 bis 8 °C   D 8 bis 10 °C
E 10 bis 12 °C   F 11 bis 15 °C   G 15 bis 17 °C   H 16 bis 18 °C   J 18 bis 21 °C

1 Limonade
2 roter, schwerer Portwein
3 Wermutweine
4 körperreiche Rotweine
5 Tequila
6 Aquavit
7 Sekt
8 Champagner
9 Cognac

V Aus Schweizer Speisekarten

A Voressen   B Böllen   C Güggeli   D Randen   E Ribisel
F Nidel   G Gschwellti   H Sautätsch   J Flädli

1 Hähnchen
2 Ragout
3 Löwenzahn
4 Zwiebeln
5 Pfannkuchen
6 Pellkartoffeln
7 Sahne
8 Johannisbeeren (rot & weiß)
9 Rote Bete

VI Deutsche Regionalküche: Woher?

A Labskaus   B Saure Zipfel   C Grüner Heinrich   D Buabespitzle
E Grüne Soße   F Spickflundern   G Saumagen   H Quarkkeulchen
J Gardesterne

1 Sachsen
2 Mecklenburg-Vorpommern
3 Hamburg
4 Baden-Württemberg
5 Bremen
6 Hessen
7 Berlin
8 Rheinland-Pfalz
9 Bayern

VII Sprachgewirr

A à la minute   B frappieren   C à part   D chaptalisieren
E dekantieren   F goustieren   G sautieren   H chambrieren   J tranchieren

1 klein geschnittene Stücke sehr heiß unter Schwenken anbraten
2 separat angerichtet
3 schnelles Abkühlen
4 verkosten
5 schnelles Erwärmen
6 aufzuckern (Wein)
7 Trennung einer Flüssigkeit vom Bodensatz
8 in Scheiben schneiden
9 auf Bestellung zubereitet

VIII Wofür welches Werkzeug?

A Tafelmesser & -gabel   B Mittellöffel   C Gourmetlöffel   D Mittellöffel & -gabel
E Tafellöffel & -gabel   F Kaffeelöffel   G Kaffeelöffel & Kuchengabel
H Tafellöffel   J Mittelgabel & -messer

1 Rinderroulade, Rotkohl, Kartoffelklöße
2 Variation von der Schokolade
3 Käseauswahl mit Brot & Butter
4 Spargelcremesuppe
5 Spaghetti Carbonara
6 Fischragout im Reisrand
7 Crevettencocktail
8 Kraftbrühe Célestine
9 getrüffelte Essenz von der Tomate

IX Heißgetränke

A Rum, heißes Wasser, Kandiszucker
B Rum, Kaffee, Zucker, halbfest geschlagene Sahne
C Kaffee, Asbach, Würfelzucker, geschlagene Sahne und Schokoladenraspeln
D brauner Zucker, Whiskey, Kaffee, dickflüssig angeschlagene Sahne
E Eierlikör, Kaffee, halbsteife Sahne, Kakaopulver
F Zucker, Rum, heiße Schokolade, Schlagsahne, Schokoladenraspeln
G Zucker, Feigenlikör, Kaffee, geschlagene Sahne
H Rum, Tee, Kandiszucker
J Tee, Rum, Orangensirup, Curaçao, Orangenscheiben

1 holländischer Kaffee
2 Orangen-Punsch
3 Irish Coffee
4 Rüdesheimer Kaffee
5 Pharisäer
6 Teepunsch
7 Grog
8 russische Schokolade
9 Philosoph

Warenkunde-Sudoku

	A	B	C	D	E	F	G	H	J
I									
II									
III									
IV									
V									
VI									
VII									
VIII									
IX									

I Ordnen Sie das Obst zu:

- A Reineclaude
- B Granatapfel
- C Pecannuss
- D Rhabarber
- E Quitte
- F Stachelbeere
- G Feige
- H Kumquat
- J Datteln

- 1 Kernobst
- 2 Südfrüchte
- 3 Trockenobst
- 4 eigentlich Gemüse
- 5 Beerenobst
- 6 Zitrusfrucht
- 7 Steinobst
- 8 Schalenobst
- 9 Exoten

II Bilde eine Reihe nach Mindestalkoholgehalt – aufsteigend:

- A Bitterlikör
- B Eierlikör
- C Brandy
- D Rum
- E Kümmel
- F Cognac
- G Korn
- H Doppelkorn
- J Anisbrand

III Welcher Wein hat welche Qualität?

- A DOC
- B Q.b.A.
- C AOC
- D IGT
- E DOCG
- F Q.m.P.
- G VdQS
- H Vin de table
- J Tafelwein

- 1 französischer Wein mittlerer Qualität
- 2 deutscher Spitzenwein
- 3 italienischer Wein mittlerer Qualität
- 4 französischer Spitzenwein
- 5 deutscher Wein mittlerer Qualität
- 6 italienischer Tafelwein
- 7 französischer Tafelwein
- 8 italienischer Spitzenwein
- 9 deutscher Tafelwein

IV Biermischgetränke: Was kommt da ins Glas?

- A Bier + Pfirsich-, Erdbeer- oder Kirscharoma
- B Bier + exotische Kräuter
- C Bier + Cola
- D Bier + Mineralstoffe
- E Weizenbier + Limonade
- F Bier + Vitamine + Taurin + Coffein
- G Malzbier + Coffein
- H Weizenbier + Pfirsichbrause
- J Bier + Limonade

- 1 Wizz Peach
- 2 Russ
- 3 Energy-Radler
- 4 Fit-Radler
- 5 Aroma-Radler
- 6 Radler für Körper, Geist & Seele
- 7 Diesel
- 8 Radler/Alsterwasser
- 9 Sport-Radler

SUDOKUS

V Eis = Eis? – Ordne die Verkehrsbezeichnungen den Mindestbestandteilen zu!

A 8% Milchfett und geschmacklich ausreichende Menge Frucht
B Milchfettanteil > 10%
C Schlagsahneanteil > 60%
D Fruchtanteil > 25% (Zitrusfrüchte > 15%)
E Milchanteil > 70%
F Milch > 50% + 270 g Vollei oder 90 g Eigelb
G Milchfettanteil > 3%
H Wasser, Zucker + > 20% Fruchtanteil
J statt Milchfett wird > 3% Pflanzenfett verwendet

1 Fruchteiskrem 2 Fruchteis 3 Eiskrem 4 Einfacheiskrem mit Pflanzenfett
5 Einfacheiskrem 6 Kremeis 7 Milchspeiseeis 8 Fruchtsorbet 9 Rahmeis

VI Mühlenprodukte durcheinander gewürfelt! Was ist was?

A geschälte und grob vermahlene Hafer-, Gerste- oder Buchweizenkörner
B platt gewalzte Körner
C längliche Körner – kleben nicht nach dem Kochen
D geschälte, durch Schleifen und Polieren runde Getreidekörner
E mit Druck und Dampf behandelt – vitaminreicher und klebt nicht
F vorgegart und deswegen schnell gar
G runde Form – weich & klebrig nach dem Garen
H roher Reis, unbehandelt
J Körner mit Keim und Schale – leicht nussiger Geschmack

1 Schnellkochreis 2 Patnareis 3 Graupen 4 Grütze
5 Parboiled Reis 6 Naturreis 7 Rundkornreis 8 Haferflocken 9 Cargo-Reis

VII Vielfalt vom Feld – Kennen Sie die Vielfalt?

A Urweizen – genetischer Vorfahre des Brotweizens
B unreif geernteter Dinkel
C entspricht dem Weizen, aber ohne Klebereiweiß
D immer gekocht auf dem Tisch
E höchster Anteil von Fett, Eiweiß und Mineralstoffen
F zweitwichtigstes Brotgetreide
G wichtigstes Brotgetreide
H kleinkörnig, muss geschält werden – Afrikas Weizen
J das meist angebaute Getreide – nicht nur für Popkorn, auch als Viehfutter

1 Gerste 2 Grünkern 3 Roggen 4 Hirse 5 Reis
6 Hafer 7 Mais 8 Dinkel 9 Weizen

VIII Gemüse – das Angebot sortiert!

A Kohlgemüse B Knollen- & Wurzelgemüse C Pilzgemüse
D Stängel- & Sprossengemüse E Essbare Blüten F exotische Gemüse
G Blattgemüse H Fruchtgemüse J Zwiebelgemüse

1 Artischocke 2 Porree 3 Okra 4 Kapuzinerkresse
5 Morcheln 6 Mangold 7 Topinambur 8 Chayote 9 Paksoi

IX Genuss aus dem Meer – doch was ist was?

A junger Hering, noch nicht geschlechtsreif, mild gesalzen
B echter Kaviar in roter Dose
C echter Kaviar in gelber Dose
D echter Kaviar in blauer Dose
E englischer Name des Wels/Waller
F Petersfische heißen auch ...
G gemeiner Tintenfisch = ...
H Bei dieser Muschel kann man auch das Auto betanken
J deutsche Bezeichnung der Dorade

1 Goldbrasse 2 Beluga 3 Osietra 4 Sevruga
5 Jakobsmuschel 6 Matjes 7 Heringskönig 8 Sepia 9 Catfish